U0152619

昔闻欢娱事

今日成惨戚

神仙不可求

剑玺苔文积

万古长恨端

萧萧泰陵陌

在玄宗身上，爱情与盛世有着某种密不可分的隐喻。当他成为有名无实的太上皇，栖身兴庆宫中，一一清点着贵妃遗物——红粟玉臂支、锦香囊、沾有瑞龙脑香的幞头、一缕秀发，就如清点往日错金缕彩的盛世，而盛世中的人除了他，大半都已风流云散。那种追悼，

元·任仁发《张果老见明皇图》

与其说是缅怀被自己亲手杀死的"爱情"，更像是一种自哀自怜。他一生的自信，一生的意气风发都来源于那个由他开创，却也毁于他手的时代。爱情、盛世在同一时间轰然崩塌，紧随其后的是死亡的号角。

1《明皇幸蜀图》。"安史之乱"爆发后,756年6月,安禄山攻陷潼关,唐玄宗被迫西逃,至四川避难。关于《明皇幸蜀图》的作者,主要有两种说法:一说作者为李思训,其主要依据为宋代叶梦得《避暑录话》:"明皇幸蜀图,李思训画。"一说此图是李思训儿子李昭道的作品,其理由是"安史之乱"后唐玄宗去四川避难时李思训已经去世,李昭道才有可能见到这一史实,描绘这个题材。该画现藏于台北故宫博物院

2 清·苏六朋《清平调图》，该图表现了唐玄宗召李白作《清平调》的故事

王皇后，李隆基的发妻，她对李隆基就如温和的晨光，她也见证了李隆基是如何从一个名不见经传的郡王奋斗到开元天子，又是如何重振大唐，一步一步向他一心仰慕的贞观盛世迈进；而比李隆基小十四岁的武惠妃则更加像是午间明媚的骄阳，她见证了作为天子的李隆基是如何把自己打造的时代推向历史的顶峰；最后，生于开元死于天宝的杨贵妃，她身上的光芒既如骄阳般耀眼，又如夕阳般暗淡，她既见证了大唐盛世的顶峰，又见证了李唐王朝的西沉。

	1	
2		3
4	5 6	7

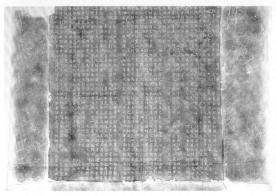

1 杨贵妃之墓　2 元·钱选《杨贵妃上马图》　3 明·佚名《明皇窥浴图》　4 王皇后父王仁皎墓志拓本

5 唐贞顺皇后武氏石椁　6 武氏敬陵石椁"勇士与神兽"的主题浮雕　7 武氏石椁内壁乐伎侍女图

这是大唐王朝一段绚烂惊心的历史，这是一个唯美、华丽、哀伤的"火宅"的故事。爱与恨、情与仇，最终化作历史长河中的一簇浪花，滚滚东去。那故事中的英雄美人、权谋争斗，如夏日夜空的烟花，在应该光芒四射的一刹那发散出所有的辉煌。

1/23

1 唐·张萱《虢国夫人游春图》　2 现藏于日本的唐代古画摹本，唐代宫廷中着男装的女官　3 题"大唐故昭容上官氏铭"的上官婉儿墓志盖拓本

1 唐·张萱《捣练图》，该图现藏本系宋徽宗摹本，原为圆明园收藏，1860年八国联军火烧圆明园后被掠夺流落至海外，现藏于美国波士顿博物馆　2 唐·周昉《簪花仕女图》　3 唐·周昉《调琴啜茗图》

宫殿沉沉月欲分，
昭阳更漏不堪闻。
珊瑚枕上千行泪，
不是思君是恨君。

1	
2	4
3	5

4 唐·佚名《唐人宫乐图》，该图现藏于台北故宫博物院　5 唐·周昉《内人双陆图》局部，此为宋人摹本。
该图表现了唐代女性以棋戏消遣的生活

唐女乐佣

唐挎包仕女俑

单刀半翻髻、额黄妆、
穿襦裙的隋唐女性

以胖为美
的唐代仕
女俑

1　2　3

1　唐代鎏金立凤植物纹银饰，1982 年出土于青海海西州都兰　　2　唐代舍利棺等，出土于山东金乡县
3　唐代精美腰带扣

唐代金盏

法门寺唐塔地宫
出土唐代臂钏

唐代精美铜镜

唐代女性妆盒"银
鎏金正大光明彩盒"

唐代蛤壳状银盒

唐代镀金银叶碟

4

5

4 唐代鎏金镂孔五足朵带铜香炉，法门寺唐塔地宫出土　5 唐代鎏金双蛾银纹香囊，法门寺唐塔地宫出土，唐代香囊存世品中迄今发现的最大一枚

唐墓屏风与壁画

1/2/3 新疆吐鲁番唐墓出土《弈棋仕女图》局部 4 陕西乾陵章怀太子李贤墓壁画《观鸟捕蝉图》 5 陕西乾县永泰公主李仙蕙墓壁画中穿襦裙、半臂、披帛的宫廷侍女

掌故
002

唐玄宗
背后的女人们

柳馥 ○ 著

台海出版社

图书在版编目（CIP）数据

掌故. 002, 唐玄宗背后的女人们 / 柳馥著. −− 北京：台海出版社, 2017.2

ISBN 978-7-5168-1047-7

Ⅰ. ①掌… Ⅱ. ①柳… Ⅲ. ①中国历史－掌故 Ⅳ. ①K206.6

中国版本图书馆CIP数据核字(2017)第032625号

掌故 002：唐玄宗背后的女人们

著　者：柳　馥

责任编辑：王　萍　　　　　　　策划制作：指文文化
装帧设计：杨静思　　　　　　　责任印制：蔡　旭

出版发行：台海出版社

地　　址：北京市东城区景山东街20号　　　　邮政编码：100009

电　　话：010 - 64041652（发行，邮购）

传　　真：010 - 84045799（总编室）

网　　址：www.taimeng.org.cn/thcbs/default.htm

E - mail：thcbs@126.com

经　　销：全国各地新华书店

印　　刷：重庆大正印务有限公司

本书如有破损、缺页、装订错误，请与本社联系调换

开　　本：787mm×1092mm　　　　1/16

字　　数：170千字　　　　　　　印　　张：14

版　　次：2017年3月第1版　　　　印　　次：2017年3月第1次印刷

书　　号：ISBN 978-7-5168-1047-7

定　　价：49.80元

版权所有　翻印必究

目录

目录

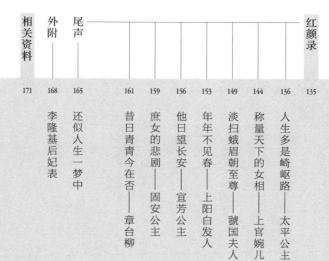

推 荐 语

　　盛唐烟花，霞照宫闱。总是让人无限遐思。然而琼楼玉宇，高处不胜寒。名花所遇，或许倾国倾城，或许雨打风吹。看作者为你揭开历史的一角，拂过尘封的岁月，寻找那些曾经鲜活的红颜，还有她们曾经参与过、曾经拥有过的时光。

　　——招福（天涯煮酒版主，著有《中国后妃列传》）

　　语言优美，考据翔实，后妃传记中的佳品。

　　——萧让（唐风论坛版主，著有《武则天女皇之路》）

　　这是一个盛极而衰的时代，演绎出一幕曲折动人的戏剧，吟哦出一首一唱三叹的悲歌。

　　——蒹葭从风（著有《所谓伊人——红颜探古·先秦》）

　　龟兹新乐，霓裳舞曲，诗仙醉草，念奴夜唱，人间曾有繁华如是。然春风沉醉终须醒，青丝如梦跌落在妆台前。长生殿中七夕耳语，化作上阳宫中白发传说。

　　——江上苇（南方都市报专栏作者，重庆人，现居深圳。凤凰网历史频道专栏作者，天涯煮酒论史资深版主，凤凰历史论坛版主，著有《大帝国的涅槃》、《上甘岭，是谁的胜利》、《迷惘的诸侯：后辛亥时代的西南军阀》等历史著作）

　　后宫女子，盛唐气象，柳馥一支笔，带领我们穿越千年的时光，细剖大唐后妃们正史逸闻背后的真真假假、爱恨情仇。

　　——蒋胜男（著有《凤霸九天》、《历史的模样》、《铁血胭脂》、《芈月传》等书）

　　名花倾国两相欢，长使君王带笑看。千古帝王的爱情，若非群玉山头见，会向长生殿下盟？

——青枚（原创作家，编剧。著有《流云尼玛》、《凤凰的哭泣》、《美人风筝》等书）

自我与柳馥相识之初，便知她是李三郎的铁杆粉儿，对于有关三郎的所有史料都有着刻苦钻研的兴趣，以她在唐史方面的积累与严谨学风，相信这部作品一定会给读者带来全新的阅读体验。

——草色风烟（著有《美人何在·明代红颜探古》）

唐玄宗与杨贵妃的爱情故事被唐朝诗人白居易用一首《长恨歌》娓娓道来。然而，作为一位多情天子，唐玄宗与他的后妃们也同样有着很多精彩的故事，而这些故事，在一位美女作家的笔下，以女性视角演绎出与众不同的情思。

——傅斯鸿（著有《寻路四大名著》，《囧列传》主编，专栏作家）

开元天宝红妆故事，尽在该书中。

——马大勇（广西南宁市作家协会会员，在北京鲁迅文学院作家班肄业。主要从事撰写文化普及读物，以弘扬中国优秀的传统民族文化。出版过一系列讲述中国传统节日、插花、雕塑、发型发饰、服饰文化的普及读物）

序

（一）女子读史，女子写史

如果说历史在男子的眼中是阳刚的、激烈的，散发着战场兵刃的杀意，弥漫着权谋、斗争、杀戮的鸩酒气息，那么，女子写的史，便令人想到那幔帐中缓缓吐着香烟的香球，纤纤素手推着茶碾子碾出的茶粉，拨子在琵琶的丝弦上弹奏出的铮铮声响。这便是女子笔下的史，浪漫的、华丽的，但同时也是充满着力量的，生机勃勃的。

虽然被时代所局限，但女性的力量，就如顽石四周坚韧的小草，戈壁上顽强的骆驼刺，即使是在最黑暗、最艰难的时刻，也能够用特有的柔情和温暖，在混沌的时局中点燃希望的灯火。

李隆基是一个"大"男人。

公元 685 年 9 月 8 日，李隆基出生，同历史上其他名垂千古的帝王一样，少年时期的李隆基早早显示出了他的超凡能力，从 7 岁那年呵斥金吾将军武懿宗，得到武则天的赞赏开始，到青年时期在马球场上将吐蕃队打得连连败北，少年英雄，名满朝野。

公元 713 年，一个新的时代开始了——开元。

这个生机勃勃、焕然一新的时代，似乎使人们忘记了武则天铁腕统治的阴霾，宫廷政变的血腥味被盛世的香烟冲淡了，宛如一出旧剧落幕，新剧拉开帷幕。

本书所讲述的，与其说是一段波澜壮阔、惊心动魄的"大男人"的历史，不如说是描写那些男人背后的"小女子"的历史，描写她们的欢乐、悲伤、爱恨情仇。

今人提到唐玄宗时代的女人，首先想到的便是那四大美人中的杨贵妃。

李隆基与杨玉环，二者相差 34 岁，况且杨玉环还是李隆基的儿子寿王李瑁的妻子，李隆基曾经宠爱的武惠妃是杨玉环的婆婆，儿媳变成了妃子，这件称得上是乱伦的风流韵事，一直被各类野史、戏剧、小说当成素材。

"后宫佳丽三千人，三千宠爱在一身"，世人对这段爱情故事，一直褒贬不一，有人将杨玉环称为祸水，杜撰出其与安禄山的种种风流韵事，甚至宋人虚构出"梅妃江采萍"来与之相比较。

然而，不容置疑的是，杨玉环着实是一位伟大的宫廷艺术家、舞蹈家，个人以为，倘若她与李隆基之间真正存在爱情，很大程度上依赖于俩人在艺术上的惺惺相惜，因此才会出现"赌气回家"、"夜半起誓"等类似于现代偶像剧的情节。

"渔阳鼙鼓动地来，惊破霓裳羽衣曲"，公元755年，"安史之乱"爆发，这场长达七年之久的叛乱，对于唐王朝来说是一次重创，从另一个角度上说，在这场叛乱中，李隆基永远地失去了杨玉环。公元757年，逃往成都的李隆基返回长安，此时已经是七旬老人的他，和自己的儿子上演了一场虚情假意的父慈子孝的"让贤"戏码，之后他在软禁中度过了晚年的时光，一个风流天子在平淡中走完了他的一生，伴随着他的死亡，一个梦幻般的时代结束了。

李隆基背后的女人的故事，不如说是"火宅"中的女人们的故事。《法华经·譬喻品》："三界无安，犹如火宅，众苦充满，甚可怖畏，常有生老病死忧患，如是等火，炽然不息。"后宫一如《法华经》的火宅，然而宅中的稚儿对危险仍然毫无察觉，肆意玩乐。花无百日红，人无千日好。蕴含在故事中的暧昧的悲剧色彩、细腻的生之思索，令人掩卷长思，长叹不已。

李隆基的一生，切不断与女人间的"联系"。

他的祖母武则天的铁腕统治，成了他童年时期的梦魇。我们无法揣测那时的他，面对处死自己母亲的武则天，并得到杀母仇人武则天的赞赏的时候，是一种什么样的心情；也永远无法理解一个在幽禁中长大的孩子，是如何产生的复兴李氏的抱负。

青年时期的他，挥剑劈开了姑母太平公主为他设下的重重阻碍，最终成为名副其实的李家天子，我们无法知晓这其中到底有多少惊心动魄的交锋，有多少深夜中的权谋。

但是肯定有一个人知道，那就是从小陪伴他的王皇后。

然而这位曾经与李隆基共患难的王皇后，却最终因巫蛊被废，在她死后，李隆基又怀着自责将其厚葬。

"火宅"中另一位著名的女人，饱受宠爱、骄纵跋扈的武惠妃，显然是以武则天作为人生榜样，只可惜，虽然她设计除掉了三位皇子，但是却因为良心难安惊惧致死，享年只有三十八岁。

千年后，武惠妃的石椁曾被盗运出海外，所幸最终被追回，石椁上，斑驳的石刻仕女的样子依稀可以辨，令观者顿觉白驹过隙，沧海桑田，不由得潸然泪下。骄纵一时的武惠妃，怕是对"火宅"中熊熊燃烧的屋梁浑然不觉的。我们无法知晓，在离世的一刹那，她是否悔恨，是否留恋，历史无法告诉我们，这一切的一切，已同佳人一并化作黄土了。

晚年的李隆基，也许他最终找到了自己艺术和爱情上的知己杨玉环，但最终一曲长恨歌，伤情化为点点梧桐雨。

一曲长恨歌为千古绝唱。

这是大唐王朝一段绚烂惊心的历史，这是一个唯美、华丽、哀伤的"火宅"的故事。爱与恨、情与仇，最终化作历史长河中的一簇浪花，滚滚东去。那故事中的英雄美人、权谋争斗，如夏日夜空的烟花，在应该光芒四射的一刹那散发出所有的辉煌。

沏上一杯香茶，翻开这段书写女子的历史，去体会她们的喜怒哀乐，因为不论什么时代，女人之间的感受一定是互通的。

人常说以史为鉴，今天的我们未必不是生在"火宅"，我们如此耽于尘世间的快乐，这是人生之苦，也是人生之乐，于是我们忘记了接踵而至的死亡，去追求，去梦想，去爱，就像嬉戏在火宅前的顽童。

愿我们今生从容不迫地穿行于"火宅"。

但行好事，莫问前程。

朔望雪（小明）

2015 年 4 月 19 日于新疆乌鲁木齐

（二）宫花寂寞红

　　大约六年前，我在唐风论坛上读到柳馥关于玄宗后宫的系列文，那时我刚开始动笔写一篇以李宪为主人公的小说（那也是我们相识的开始），由于时代上的重叠，她的文章给了我不少灵感和资料参考，如临淄王妃的出场。一晃多年过去，这些妙文也将集结成册出版，真是一件令人感到欣喜的事。

　　苏童小说《武则天》的开头，无比精准地描述出我对后宫女性的认知，他这样写道："后宫是皇帝的大花园，皇帝把美丽聪慧的女孩子随意地栽植在这里，让她们生根发芽开花结果，或者让她们成为枯枝残花自生自灭，这是许多宫廷故事的起源。"无论是做到后宫女性极致的武则天，还是韦后、上官婉儿，乃至本书中的王皇后、武惠妃、杨贵妃等人，无论开局、中场如何，那些如花红颜终是纷纷开且落。

　　近年来，后宫剧大热，而以后宫争斗为题材的小说早已成为网络文学的一股劲流。作为一个曾出过女皇帝的朝代，唐朝在荧屏上一直热度不减，尤其导演、编剧们的趣味是如此一致，不约而同地将目光投向高宗、武周、中宗三朝。一通狂轰滥炸式的拍摄下来，对太平公主、韦后、安乐公主、上官婉儿，观众即便不知其事，也该闻其名了。很长一段时间里，大家提起唐代女性，第一反应非武则天莫属，而今借着电视剧的东风，这份名单里倒是可以增加几位了。相比前朝后宫女性"你方唱罢我登场"的喧嚣热闹，紧随其后的玄宗朝似乎寂寥许多，在玄宗晚年出现的杨贵妃占据了我们的大半印象，再就是她的情敌，"何以珍珠慰寂寥"的梅妃。然而"五十年太平天子"的唐玄宗有近六十名子女，子嗣数目之大也从侧面反映其内宠数量之多，这样的后宫怎会没有故事可言？涉及后宫女性的写作，如果没有对资料搜集的严谨态度，对书写个体的"了解之同情"，只津津乐道于子嗣生殖、帝王宠爱等宫闱秘辛，捕风捉影、道听途说，难免流于轻浮恶俗，沦为猎奇读物之流。这中间的尺度往往是很难把握的，无疑本书作者成功做到了，她独辟蹊径将视角转向玄宗一朝，结合史料文献，以生动传神的笔触发掘出数位女子鲜活的人生历程，借由她们的人生，读者亦能窥见玄宗朝的点滴细节。

　　对唐玄宗，我常处于一种矛盾的态度里，对瞬间风采的难忘有时会撑起我对历史人物的大半好感。那个手举银船杯，高呼"曾祖天子，父相王"的临淄王给予我一个太美好的想象，那种青年英气、眉宇飞扬的的确确配得上一个盛唐。如果笔记小说记载不虚，那么在我心中，他一生最富有神采的时刻，并非勒马凌烟阁前，并非泰山封禅日，而是惊走满席客，独饮三银船，驰马绝尘去的骄傲姿态。"吾貌虽瘦，必肥天下"的开元天子、昏聩颠顶的天宝皇帝、兴庆宫中晚景凄凉的太上皇，这些迥异的形象被集中在同一个人身上。"安史之乱"实在是一段不忍卒读的历史，以至于中晚唐人也毫不讳言他的过失，遑论后世那些评价。"靡不有初，鲜克有终"是他帝王生涯的最好注脚。《剑桥隋唐史》对玄宗的评语令我难忘，虽然类似"英雄"的词略带溢美色彩：

　　对在8世纪50年代后期撰写玄宗期历史的历史学者来说，他是一个悲剧中的英雄。他在执政开始时政绩显赫，但后来被野心和狂妄引入歧途，以致使帝国的行政和资源过分紧张，最后以退出政务来结束他支离破碎的统治。

　　本书主人公是玄宗朝的后宫女性，其中最浓墨重彩的要数王皇后、武惠妃、杨贵妃三人。就如作者自己所说："如果把李隆基一生划为三段——青年、中年、晚年，那么在他莺莺燕燕的后宫里真正对他有影响的女人也就只有王皇后、武惠妃、杨贵妃了。正好对照他的青年、中年、晚年。"这三人中给我感触最深的是王皇后。初中时读《新唐书·后妃传》，读到"陛下独不念阿忠脱紫半臂易斗面，为生日汤饼邪"，只觉满心酸楚。虽然作者在书中考证出此事可能性为零，但那份戚戚然的情绪始终挥之不去，那张凄楚的面容似乎就在眼前。

　　玄宗在开元十年（722年）产生废后之意，开元十二年（724年）七月废后，又赐死皇后胞兄王守一，同年十月废后去世。遥想开元七年（719年）皇后之父王仁皎去世，玄宗临望春亭目送其枢车远去，命张说写神道碑文，自己亲笔题写的丧仪盛况，不过几年，王家便家破人亡，毁于一旦。《大唐新语》云："开府王仁皎以外戚之贵，坟墓逾制，襚服明器，罗列千里。坟土未干，家毁子死。"

　　玄宗在废后一事上的毫不留情或许还有另一重原因，即其母昭成皇后窦氏之死。长寿二年（693年），户婢团儿向武皇诬告皇嗣妃刘氏、德妃窦氏行厌胜之术，二人由此被杀，尸骨被埋于何处都无人知晓。当时刘氏之子，后来的让皇帝李宪十五岁，窦氏之子李隆基只有九岁。这件事发生后没有多久，德妃之母庞氏受酷吏陷害，指为女儿的同谋，幸得徐有功援救逃过一劫，由死刑改判流放。李隆基登基后，因母亲早逝，对舅家更是加倍补偿，恩宠优渥，为外公窦孝谌修筑高达五丈一尺的坟茔，封三个舅舅希瑊、希球、希瓘为国公，抚养过自己的姨母窦氏为邓国夫人，她五个儿子去惑、去疑、去奢、去逸、去盈都至显官。足可见母亲之死在玄宗内心是不可磨灭的记忆。昭成皇后的死一因厌胜，二因女主，触及逆鳞的两点王皇后全部占了。《资治通鉴·唐玄宗开元十二年》述及王皇后厌胜一事，曰："剖霹雳木，书天地字及上名，合而佩之，祝曰：'佩此有子，当如则天皇后。'"王皇后因久而无子，求子心切，便行厌胜之术，祭南北斗，佩霹雳木，以求有子。然而，王皇后早年随丈夫参与政变，赞成大业，在她的立后诏书上称她"顷属艰危，克扬功烈，聿兴昌运，实赖赞成"，绝非毫无城府的女子，巫蛊厌胜本就是宫廷大忌，玄宗本人对这类事物更是深恶痛绝。天宝十一载（752年），宦官诬陷棣王李琰诅咒天子，事后虽然查明是冤案，但多疑的玄宗仍将儿子囚禁在鹰狗坊，李琰最终忧愤而亡。反观王皇后，在近四十岁时用这样的方式求子，且祝词中还提到李氏王朝大忌"则天皇后"，个中缘由是很难用常理推断的。

李白《古风五十九首》其二写道："蟾蜍薄太清，蚀此瑶台月。圆光亏中天，金魄遂沦没。蝘蜓入紫微，大明夷朝晖。浮云隔两曜，万象昏阴霏。萧萧长门宫，昔是今已非。桂蠹花不实，天霜下严威。沈叹终永夕，感我涕沾衣。"元萧士赟认为，诗中以汉武帝陈皇后指代玄宗王皇后，前四句写武惠妃入宫得宠，皇后失势，"桂蠹花不实"语出废后制书"天命不佑，华而不实"，讽刺玄宗废后一事，而对太白《妾薄命》的宗旨，他亦持有相同观点。不论这样的解读是否符合李白原意，那句"雨落不上天，水覆难再收。君情与妾意，各自东西流"确是这对少年夫妻最后结局的写照。王皇后去世次年，皇帝在泰山封禅，她没有见到那个时刻，而玄宗日后的骄纵、沉沦，她同样看不见了，那些都和她无关了。

曾在论坛上，看到有人讨论"若身处高宗、玄宗两位皇后的处境，该如何避祸"的问题。这类站在上帝视角的假设本身没有太大意义，而且下面的一些回答更让人不舒服。那种对成功者的追捧，对失败者的嘲讽，指点江山间仿佛身临其境，已为刀俎，他人为鱼肉。对一位后宫女性而言，我从不认为"登上皇后、太后宝座，死后得一个谥号"的结局是最好的圆满，这种圆满烂俗得如同一本由流水线加工出来的小说。

武惠妃成功的话，在后世解读中，她的人生可能就是那本小说了，但真实的历史比小说更加无常。从史书的描述来看，她应当是一位聪颖美丽、善解人意又不乏野心的女子，追赠她为贞顺皇后的制书中说她的秉性是"少而婉顺，长而贤明"，《历代名画记》载有《武惠妃舞图》，可见她能歌善舞，这样的人往往是很吸引人的，特别是对喜爱音律的唐玄宗，之前的赵丽妃，日后的杨贵妃，莫不如是。

玄宗与武氏有十四岁的年龄差。武氏出生时，他刚结束在东宫的幽禁生活，出阁置府。当玄宗起事，诛杀韦氏、安乐公主时，她与姑祖母武则天入宫为才人的年纪一般大，娉娉袅袅十三余。武惠妃成为唐玄宗后宫的具体时间已不能确定，从开元四年（716年）她生下第一子夏悼王李一看，当在开元四年及之前。相比王皇后、赵丽妃、皇甫德仪、刘才人等人，武惠妃无论在年纪，还是在新鲜感上都具有无可比拟的优势。柳馥把这种"仰视"的感情模式写得非常形象：这种一个是你在她的眼里也许不是一个英雄，而是举案齐眉的丈夫，而另一个则是从相识的那一刻便开始仰视你，因为她认识你的时候，你已经是富有四海的天子了。你是李隆基你会选哪一个？

王皇后被废去世，武惠妃无可争议地成为后宫之首，"宫中礼秩，一同皇后"，即便如此，在身份上，她仍为妾室，和真正母仪天下的皇后不可同日而语。武惠妃苦心孤诣，渴望入主中宫，后又汲汲为儿子谋取东宫之位，症结可能就在于此。

玄宗在册立皇后问题上的态度一直很暧昧，《赠武惠妃贞顺皇后制》中提到"凤有奇表，将国正位，前后固让，辞而不受，奄至沦殁"，看起来是惠妃谦而不受，但事实显然不是如此。黄永年先生就曾分析，认为玄宗本没有立武氏为后的打算，"这自是玄宗有鉴于先朝武、韦以至自己王皇后的事情，所采取的又一种防微杜渐的特殊措施"。对唐玄宗来说，皇后位非不能也，是不愿也。武惠妃偏偏不懂帝王心，为了后位，为寿王的太子位，她让女婿杨洄监视李瑛三兄弟，勾结外臣，终只是为他人作嫁衣。

还有废太子问题，《资治通鉴》记载，玄宗是从惠妃处得知的三个儿子对自己的怨望，大怒之下要废太子、二王。在这些记载里，在一个类似"太子、二王抱怨——惠妃谮害——玄宗大怒，废太子"的事件环中，皇帝个人的意志弱化，成了一个易被揎掇蒙蔽的糊涂之辈，但是须知天子践祚近三十年，头脑尚算清明，他的废立之心绝不是宠妃几句谗言就可以鼓动的。玄宗可能很早就存下了易储之意，试探宰相时，张九龄的反对让他大为不悦，而李林甫一句"此主上家事，何必问外人"点出玄宗心思。开元二十四年（736年），张九龄被罢相，李林甫、牛仙客为相，李林甫素来媚上，牛仙客又依附于李林甫，以此二人为相，在储君废立抉择上，可为玄宗控制朝廷舆论。开元二十五年（737年）四月甲子，张九龄被贬为荆州长史，次日乙丑，废太子瑛、鄂王瑶、光王琚为庶人。前后时间如此之紧，很能说明问题。另外，张九龄被贬出朝的直接原因是监察御史周子谅引谶书为证，弹劾牛仙客，而他又曾引荐过周子谅，受到牵连。周子谅上书是一次突发事件，事先无人能预料，玄宗却利用此突发事件，贬九龄、易储君，也说明他想废太子久矣。

至于武惠妃，在某些程度上，她为皇帝分担了"三庶人"事件的骂名。太子兄弟死后，宫中时常有"闹鬼"事件发生，疑为"三庶人"作祟，在说不清道不明的鬼魅幻影中，三十八岁的武惠妃忧惧而亡。至于"贞顺皇后"的追封，更像是一种补偿，但身后丧仪中，玄宗既没有允许庆王琮等非贞顺所出的皇子为她服齐衰，也没有允许以忌日废务，"乾元之后，祠享亦绝"。

有时候回想，倘若武惠妃、杨贵妃这对婆媳兼前后任在地下相遇，会是怎样的情景。早些年，我对李、杨爱情相当嗤之以鼻，近些年来才稍稍释怀了些，但袁枚诗"莫唱当年长恨歌，人间亦自有银河。石壕村里夫妻别，泪比长生殿上多"使我对他们依旧无多少好感可言，他们的苦痛固然是"千古长恨"，因"安史之乱"饱受苦难的普通人，他们的血与泪又该如何计算？这首诗也是本书杨贵妃篇的题记。

李碧华有一篇小说《荔枝蜜》，明皇转世的郑敏在日本遇到了疑似杨贵妃的宫本丽子，丽子喜欢吃荔枝，坚称"西安"为"长安"，总在夜晚哼歌，最后还与明皇执手相依。小说很短，写得可爱，临结尾有一句"作为局外人，旁观者，人家的感情，我们不必多话"，寻常夫妻上，这是至理，但对天子，他们的感情就像一具死去却艳丽无比的躯体，放在手术灯下，被后世解剖缝合，缝合再肢解。

李、杨故事的缘起、缘灭在书中已有很详细的叙述，毋庸我赘言。就像柳馥在文中说的，杨贵妃身死马嵬坡确实是替罪羔羊，但她不能说完全无辜，杨氏族人横行霸道、为所欲为触犯众怒也有她袒护、纵容的原因。开元时，玄宗连襟长孙昕（王皇后妹夫）殴打御史大夫李杰，被他在朝堂杖杀，而天宝时杨家的奴仆和广平公主[①]争道，将公主打下马，驸马下马搀扶被打数鞭，此事被公主告至玄宗，玄宗竟只杖杀杨氏奴，

[①]《新唐书》和《全唐文》记为广宁公主，《旧唐书》记广平公主。唐玄宗女，母董芳仪。

却免了驸马官职，前后对比，玄宗对杨氏戚里的偏心显而易见。一个拥有一切的老人心甘情愿地取倾国之富宠爱一个年轻女子，不光是她，连她的族人都享受到了莫大恩泽。直到马嵬坡上，杨氏一门如烈火烹油、鲜花着锦的富贵终于以一种狼狈、荒谬的方式戛然而止。有老妇在马嵬坡捡到一只杨贵妃的锦袜，过客若要赏玩，需付百钱，老妇因此致富，所有帝妃佳话、戚里传奇成了过客的谈资，成了那只高高悬在老妇店前、迎风招展的袜子。

"在李隆基的心里，杨贵妃自始至终都是一个样貌品德俱佳的妇人，就和他所创造的时代一样是无瑕的美玉。"尤其喜欢作者这句，在玄宗身上，爱情与盛世有着某种密不可分的隐喻。当他成为有名无实的太上皇，栖身兴庆宫中，一一清点着贵妃遗物——红粟玉臂支、锦香囊、沾有瑞龙脑香的帕头、一缕秀发，就如清点往日错金缕彩的盛世，而盛世中的人除了他，大半都已风流云散。那种追悼，与其说是缅怀被自己亲手杀死的"爱情"，更像是一种自哀自怜。他一生的自信，一生的意气风发都来源于那个由他开创，却也毁于他手的时代。爱情、盛世在同一时间轰然崩塌，紧随其后的是死亡的号角。

女子的身影笼罩了玄宗一生：幼年丧母，随父亲、兄弟被武皇囚于东宫；青年时发妻相伴，赞成大业，诛韦氏、安乐公主，赐死太平，一手结束"女人天下"；中年时宠武惠妃，一日杀三子；至晚年，对杨贵妃的迷恋成为盛世末梢最凄艳的一笔。由此看，以探讨玄宗后宫为契机，更深入地了解他的政治人生是一个非常有趣的角度，就像我在开头说的那样，这本书便是范例。

事实上，玄宗朝的后宫何止以上三位，作者在书中提到的元献皇后、赵丽妃、刘华妃、柳婕妤、皇甫淑妃、曹野那姬等女性，她们的人生亦有自己的精彩和无常。然而，后宫之中更多的是如"上阳白发人"那样，连名姓都未曾留下的可怜人，"少亦苦，老亦苦，少苦老苦两如何"，她们同样是盛世的见证者，乱世的哀叹者，岁月风过，乱红无数，就以一首元才子的《行宫》来结束这篇序吧：

寥落古行宫，宫花寂寞红。白头宫女在，闲坐说玄宗。

安陵物语

2014 年 12 月 28 日于杭州浙江大学

壹

后
妃
纪

引子·谪仙人

神仙本是多情种，蓬山远，有情通。情根历劫无生死，看到底终相共。尘缘侄偬，忉利有天情更永。不比凡间梦，悲欢和哄，恩与爱总成空。跳出痴迷洞，割断相思鞚。金枷脱，玉锁松。笑骑双飞凤，潇洒到天宫。

这一曲《永团圆》摘自《长生殿》第五十出《重圆》。李隆基与杨贵妃的爱情故事素来是后世文人墨客热衷的创作题材。在洪昇的《长生殿》里，李隆基的前世是仙界的孔升真人，而杨贵妃的前世则是蓬莱仙子，两人皆因小过被贬至凡间，几经坎坷之后又重返仙境并结为永世的夫妻。

当我第一次读《长生殿》，瞧见开篇引子里的一句"今古情场，问谁个真心到底"，瞬时，我的脑海里不知怎的就冒出了"开辟鸿蒙，谁为情种"，也因此对唐明皇这个人物形象产生了浓厚的兴趣。

文艺作品中李隆基是风流的帝王，亦是多情的才子。而在丹书青史中的李隆基则是一位功过参半的君主：他一手打造出开元盛世，将大唐的政治、经济、文化等推上了继贞观之后的又一个顶峰；一手又炮制出了腥风血雨的"安史之乱"，将一切美好化为乌有。生活在唐玄宗时代的人，他们既分享了杜甫《忆昔》诗中盛世的繁华景况："忆昔开元全盛日，小邑犹藏万家室。稻米流脂粟米白，公私仓廪具丰实。"又遭遇了同一首诗中乱世的生灵涂炭："岂闻一绢直万钱，有田种谷今流血。洛阳宫殿烧焚尽，宗庙新除狐兔穴。伤心不忍问耆旧，复恐初从乱离说。"有人说宁为太平犬，不做乱世人，若生于唐玄宗时期，纵使做了太平犬，也逃不了做乱世人的命运。

唐玄宗的时代是壮美的，亦是糜碎的，一如这个时代的创造者李隆基既英明又昏聩。唐中宗景龙末年，正值青春年少的李隆基和自己的姑母太平公主联手通过"唐隆政变"打碎了韦后的女皇梦，将自己的父亲李旦推上大唐天子的宝座。先天元年（712年），二十八岁的李隆基从父亲李旦的手上接过了大唐皇帝的印玺，次年他通过"先天政变"一举歼灭了太平公主的政治集团，彻底结束了围绕大唐数十载的红妆梦魇。时代进入开元，一个华丽的词儿又重新回荡在人们的耳畔——贞观！唐太宗时代是辉煌的，是完美的，"贞观之治"就像是一座参天巨塔，在它的廊檐下，有无数心向神往的五陵少年，还有我们年轻的天子。为了让那个久违的治世重现人间，这时的李隆基励精图治，从谏如流，并且启用姚崇和宋璟，为后人留下了"前有房杜，后有姚宋"的佳话。

开元十三年（725年），泰山封禅后站在时代顶点的李隆基志得意满地看着自己努力打造出来的治世，他的心态也开始转变，日益骄奢。渐渐地，李隆基变得好大喜功，疏于朝政，以至于变成了一个刚愎自用偏听偏信的昏聩老人。于是，口蜜腹剑的李林甫成了他的重臣，主宰起了朝中的政事；惯于溜须拍马的杨国忠成为李林甫的继任。懂得阿谀奉承、献媚卖乖的安禄山更是博得了李隆基近乎全部的信任，范阳起兵之初，李隆基甚至都不相信安禄山会背叛他，直到叛军几乎要渡黄河了，李隆基才恍然大悟，急忙找来众臣议事，但一切都晚了。潼关失守后，中原破尽，年迈的李隆基不得不带着家眷弃都出逃。在逃亡途中，这位年迈的天子又被自己的儿子给策反了，无可奈何的李隆基跟他父亲一样当上了没有实权的太上皇。

李隆基大起大落的一生完全验证了魏徵说的一句话："兼听则明，偏信则暗。"若非郭子仪、李光弼等平叛得力，大唐的江山怕是早就丢了。

李隆基怕还要印证魏徵说的另一句话："亡国之君，多有才艺。"李隆基虽未亡国，但李唐王朝的辉煌却葬送在他的手中。论及才艺，李隆基恐怕可以在中国历代帝王中名列前茅。书法、诗歌、音乐、曲艺等等，他无一不晓。确切地说，他不仅会，还很精通。

论书法，李隆基以八分书见长。窦臮在《述书赋》中说："开元应乾，神武聪明，风骨巨丽，碑版峥嵘，思如泉而吐风，笔为海而吞鲸。"窦臮是唐代人，差不多是唐玄宗时的人物，遣词难免会夸大些。然而，清代的王澍在《竹云题跋》中也说："唐人隶书多尚方整，与汉法异。唯徐季海《嵩阳观碑》、明皇《纪泰山铭》为得汉人遗意。《孝经注》肉重骨柔，弗及也。"可见，李隆基的书法虽不及汉魏名家，但在当世已经算是很出众了。

论诗，李隆基的时代是一个大诗人辈出的时代，而李隆基作为唯一一个诗作被收入《唐诗三百首》的皇帝，实属不易。

论音乐，李隆基的羯鼓打得连职业乐师李龟年都自叹不如。李隆基在音乐方面基本上是全面开花。除了演奏，他还改编创作了《夜半乐》、《小破阵乐》、《霓裳羽衣曲》等乐曲。

至于曲艺更是不用多说，作为梨园行供奉的祖师爷，李隆基可算是专业票友了。

李隆基不仅多才多艺，更是一位样貌堂堂、仪范伟丽的佳公子。若属于李隆基的时代只有开元，那么李隆基则是一个近乎完美的人，因为你很难从他的身上找出任何瑕疵。这并不是因为他没有瑕疵，毕竟世间哪有什么完人，找不到李隆基的瑕疵仅是因为他身上的光环足以掩盖一切。作为开元天子的李隆基首先是一位年少得志、政治极有作为的帝王，其次他是一个多才多艺、风度翩翩的俊男。试问，有多少女儿不会为这般的人物倾倒呢？

人们常说美人惧迟暮，因为迟暮则色衰，色衰则爱弛，爱弛则弃若敝履。

其实男儿亦如是。有多少英雄好汉到迟暮之年，还是壮怀激烈，宝刀未老呢？纵使烈士暮年，壮心不已，可又有多少风流人物可以老当益壮，风姿不减当年呢？天宝时代的李隆基是一位迟暮的天子，他身上的光环早就随着光阴流逝变得黯淡无光。"安史之乱"则让他彻底变成一个晚节不保的老人。

那个昔日意气风发、坐拥天下、欲重现盛世的李隆基早就死了。被唐肃宗拘禁在太极宫里的，仅仅是没有任何抱负，在孤寂中等待死亡的老人。就是这样的老人，唐人依然钟情于他，终唐一代对唐玄宗的评价并不低，作为中兴之主的唐宪宗也曾慨叹道："太宗之创业如此，玄宗之致理如此，既览国史，乃知万倍不如先圣。"

也许正因如此，生活在唐宪宗时代的大诗人白居易才会以李隆基与杨贵妃的爱情故事为题材写出那首荡气回肠的《长恨歌》。《长恨歌》里杨玉环不再是李隆基的儿媳，她只是李隆基挚爱的女人，两人的爱情伴着"安史之乱"的洪流，终究以天人永隔的悲剧结局而收场。那绵绵无绝的遗恨，让后人为之恻恻。清代洪昇所著的《长生殿》，取材于《长恨歌》，并将李杨爱情故事进一步升华，原本天各一方绵绵无绝的遗恨变成生生世世的神仙眷侣。

然而，关于李隆基与杨贵妃的前世传说并非洪昇首创，早在晚唐五代时，杜光庭就在所著的《仙传拾遗》里提到道士杨通幽奉李隆基之命去寻杨玉环那仙去的芳魂。几经周折，杨通幽在东海蓬莱山顶的一处仙居遇上杨玉环。而后，杨玉环对杨通幽说："我原来是太上老君的侍女，隶属于上元宫。而陛下原是太阳朱宫真人，因为他思凡心重，所以玉帝让他下凡到人世，我则遣到人间去侍奉他。不久后，我们就会再相见，希望陛下珍重，多多保养圣体，不用过分思念我。"

至于《仙传拾遗》里的太阳朱宫真人缘何到了《长生殿》里变成了孔升真人，这得归功于另一部唐人笔记。晚唐郑处海的《明皇杂录·逸文》里写李隆基临终前曾对左右的人说："上帝召他到仙界去做孔升真人。"

　　总之，李杨二人的神仙形象早在唐代就已有雏形。经过后世之人或褒或贬的文艺作品的演绎，有了许多版本。可无论哪一种版本，李杨的爱情故事总能给人几分"若说没奇缘，今生偏又遇着他"的意味。那前世今生的宿缘成了李杨爱情故事中必不可少的元素。明末清初的褚人获不单在《隋唐演义》里写李隆基与杨贵妃的三世奇缘，还给李隆基多添了一位有宿世情缘的静怡佳人梅妃。在褚人获的演义里，梅妃前世则是蕊珠宫仙女。

　　谪至人间的仙人又岂会只有一段姻缘，文学作品中的李隆基除了有倾国倾城的杨贵妃，还有清雅脱俗的梅妃。历史中的李隆基身边更是不乏佳人，杨贵妃虽可以说是李隆基晚年最宠爱的女人，但这显然不是李隆基人生的全部：青年时代，他有患难与共的王皇后；中年时代，他有异常宠爱的武惠妃，中间也不乏有如赵丽妃那样能歌善舞的美人，如出自书香世家的柳婕好那样的才女，如杨贵嫔那样出身高门的千金，甚至还有西域出身的"胡旋女"等等。

　　从先天到天宝，李隆基光辉的人生好似太阳从初升到西沉。这中间最值得说的姻缘，莫过于那三个在不同的历史阶段给予李隆基最大关怀的女人：王皇后，李隆基的发妻，她对李隆基就如温和的晨光，她也见证了李隆基是如何从一个名不见经传的郡王奋斗到开元天子，又是如何重振大唐，一步一步向他一心仰慕的贞观盛世迈进；而比李隆基小十四岁的武惠妃则更加像是午间明媚的骄阳，她见证了作为天子的李隆基是如何把自己打造的时代推向历史的顶峰；最后，生于开元死于天宝的杨贵妃，她身上的光芒既如骄阳般耀眼，又如夕阳般暗淡，她既见证了大唐盛世的顶峰，又见证了李唐王朝的西沉，因此，李隆基与杨贵妃的故事，后世传诵得最多。

　　然而，要真正了解唐玄宗的红颜往事，我们得从旭日东升的晨光说起。

到底意难平——王皇后

题记：叹人间，美中不足今方信。纵然是齐眉举案，到底意难平。

同居长干里

武周，长寿二年（693年）正月初一，武则天在万象宫举办了一场特别浩大的祭拜仪式。作为武周王朝的创始人，主宰天下的女皇武则天自然是这场仪式第一个进行献礼的人，亚献和终献则分别由魏王武承嗣、梁王武三思担任。此时的武家人得意于以武周宗亲的身份成为这场祭礼的主角，连出场机会都没有的李家人则失意地成了祭礼的陪衬。时移世易，江山已然换色。五年前，永昌元年（322年）的正月初一，在万象宫举办过同样的祭礼，那时李旦作为傀儡天子还是仪式的亚献，终献则是皇太子李成器。

时年九岁的李隆基也许未必能够察觉出大人们表情中的异样以及周遭潜藏的危机，毕竟在孩子们的心中这些成人世界的纷争并不重要，重要的是如何把节日过好。对于大部分的孩子来说，过年的那几天都该是高高兴兴的，年幼的李隆基的想法应该和其他小孩子不会差太多。

然而，节日的喜庆只在李隆基身上维持了一天，次日就有一桩不幸的祸事突如其来降临到了他的身上。事情是从一名叫韦团儿的户婢单相思地看上了皇嗣李旦开始的。在女皇武则天的统治下，大唐的姑娘们或说武周的姑娘们是大胆而有个性的，她们可不是人们印象中那种只在闺中绣花的深闺怨女。韦团儿虽只是一介宫婢，但人家也是有追求的人，她竟然主动追求起了李旦，而李旦对此则全然不领情。

　　幽幽深宫是一个与外界隔绝的地方，但是这个地方绝对不是没有纷争的世外桃源，而是一个女人的江湖。在后宫中摸爬滚打多年的韦团儿也不是吃素的，当她被李旦拒绝后，她不仅因爱生恨，而且将这份恨意付之于行动。很快，韦团儿利用自己的职务之便，刻意在武则天面前诬陷皇嗣妃刘氏和德妃窦氏心怀不轨，并且说她们私下用邪术诅咒女皇。结果，李隆基的母亲窦德妃和皇嗣妃刘氏刚在嘉豫殿朝见完武则天，尚未出宫门就被杀害了。也许有人会问：为什么武则天会这么轻易相信韦团儿的话？难道武则天连查都不查吗？其实从武则天革了李唐的命，创立了大周朝后，她对自己的子女就缺少一份信任。出于不信任，武则天不仅让自己的子女跟着她姓了武，而且还一直把李旦等人幽禁在宫中。对自己的亲生子女都没多少信任的武则天对自己的儿媳基本无信任可言。至于儿媳的生死，其实这对武则天来说根本就不是一件了不得的事情。别说有人罗织虚假证据诬告皇嗣妃刘氏和德妃窦氏了，李旦的哥哥李显的第一任妻子赵氏只因为自己的母亲常乐公主和武则天关系不好，武则天干脆拿赵氏出气，先以赵氏不够孝顺为由让人把赵氏关了起来，然后每天派人给赵氏送生食，赵氏是公主的女儿，自然是娇生惯养，不能烹饪，又不愿意生吃，就这样，没多久赵氏就被武则天给活活饿死了。

　　有女皇坐镇的后宫自然不是一个好混日子的地方。在皇嗣妃刘氏和德妃窦氏被处死后，李旦因忌讳母亲武则天会以此为由来刁难他，干脆明哲保身在武则天面前对此事只字不提，就当根本没有皇嗣妃刘氏和德妃窦氏这两个人，一切照旧。

　　在别人阖家团圆、欢欢喜喜过节的时候，小小年纪的李隆基心里怕是五味杂陈，也算尝到什么叫世事无常、人情凉薄了。灰色的童年对李隆基的个性影响不小，日后的李隆基为人的薄情程度丝毫不亚于他的祖母和父亲。在失去母亲后不久，李隆基便从楚王被降为临淄郡王。他的兄弟也挨个被降为了寿春郡王——李旦长子李宪（追封让皇帝）、衡阳郡王——李旦次子李捴（追封惠庄太子）、巴陵郡王——李旦四子李范（追封惠文太子）、彭城郡王——李旦五子李业（追封惠宣太子），并重新召入宫中，生活又回到了原先的幽禁状态。①

长寿二年对李隆基来说是刻骨铭心的一年，人生至悲至喜的事情都不约而同地在这一年降临到了他的身上。悲，母亡，前面已经说过；喜，是接下来要说的。

长寿二年，李隆基在丧母之后，不知道是李旦为了在母亲面前掩盖自己和家人的情绪而刻意安排的，还是武则天出于对小孙子的怜悯随意安排的，九岁的李隆基没有任何选择地娶了一位年纪相仿的小娘子为妻。这位小娘子来自五姓七望②的太原王氏，但是她和唐高宗的王皇后并非一家。小王姑娘的家族和初唐的名臣王珪倒是同宗，祖上都源自南朝梁刺史王神念。不同的是王珪的祖父是王僧辩（南朝梁名将，右卫将军王神念次子），而小王姑娘的祖上王僧修是王僧辩的弟弟。这支王氏笼统地可以说是太原王氏，准确地说是乌丸王氏，因为王神念起初在北魏任颍川太守，后来举家南迁。按《旧唐书·王珪传》的说法，他们家在北朝为乌丸氏，南渡后复为王氏，唐代的人由此称这支王氏为乌丸王氏。唐睿宗李旦的王德妃和王贤妃也出自乌丸王氏。不仅如此，唐代宗时期的名相王涯同样出自乌丸王氏。日后，李旦为太

---

① 《旧唐书·则天皇后本纪》：二年春一月，亲享明堂。癸亥，杀皇嗣妃刘氏、窦氏。腊月，改封皇孙成器为寿春郡王，恒王成义为衡阳郡王，隆基为临淄郡王，卫王隆范为巴陵郡王，隆业为彭城郡王。

② 隋唐时代是身份制的社会，世家大族在社会上享有崇高的威望和地位。在所有尊贵的世家大族中有五支最为尊贵，即陇西李氏、赵郡李氏、博陵（今河北安平县、深州市、饶阳、安国等地）崔氏、清河（今河北清河县）崔氏、范阳（今保定市和北京市一带）卢氏、荥阳（今河南省）郑氏、太原王氏。其中李氏与崔氏各有两个郡望，所以称之为五姓七望，或五姓七家。

上皇时，在《册皇帝妃王氏为皇后诰》中说："皇帝妃王氏，冠荚盛门。"用"冠荚盛门"来形容乌丸王氏也算恰当。虽然乌丸王氏并非正宗太原晋阳王氏，但是这支王氏自南北朝开始就出了不少有名的人物。

小王姑娘的家世属于比上不足，比下有余：其曾祖父王诠在唐朝爵为歙县男，后来被追赠汾州刺史；祖父王文泪在世时的官爵没有记载，只知其被追赠为右仆射。就追赠的官职来说，品级还是挺高的，汾州属于上州，唐代的上州刺史为从三品。尚书省的左右仆射一直都是从二品，但是这个称谓在唐高宗龙朔二年（662年）改为左右匡，之后又改了两次，直到天宝元年（742年）才改回来。相比自己的先人，小王姑娘的父亲王仁皎嫁女儿时的官职比较低，仅是正八品下的晋州司兵，但总归顶了一个太原王氏的高门出身。

宫门一入深似海，小王姑娘的出身和那些寒门白衣出身的女孩相比当然算是极好的。毕竟在宫门之外，唐代高门贵姓出身的女子不愁嫁。唐代人结婚看姑娘家的门第，若姑娘来自范阳卢氏或是荥阳郑氏又或者太原王氏等高门大族，那么无论这姑娘好不好看聪明与否都不重要，还是会有大把的大唐好男儿乐意向她们求婚，哪怕那些姑娘家狮子大开口地要聘礼，依然有很多人愿意通过支付高额聘礼向高门大族"卖婚"来提高自己家的门第。小王姑娘自然不愁嫁。

可宫门之内从来都不缺少高门大族出身的女子，小王姑娘所谓高门的出身在宫门中就显得稀松平常了。换个角度来看，嫁给李隆基的小王姑娘也可说是平步青云，交了好运。不过福祸相依，小王姑娘进李家门的时候，正是李氏皇族最为艰难的时期。武则天的儿媳不好当，李隆基母亲窦氏和李旦正妻刘氏就是鲜活的例子，武则天的孙媳又会好当到哪里去？两个八九岁的小孩成亲，与其说小王姑娘是李隆基纳娶的王妃，不如说是被安排到李隆基身边陪他一同幽禁的人。

在宫中幽禁的日子显然是很难熬的。在一同被幽禁的邠王李守礼日后的回忆中，这段生活相当灰暗，一年到头，挨打是常有的事。因为常常挨打，李守礼身上留下了不少的旧伤，每次快要下雨的时候，他的背脊旧伤就会隐隐作痛，他用这方法预测天气每次都很准，让人误以为他有会预测天气的奇术。李隆基得知后，问他缘由，他回答："我哪有什么特别的方法，只是因为以前幽禁在宫中的十多年里，时常因为小过挨打，日积月累下来背上的旧伤久治不愈，现在只要到天快下雨时，我的背脊就会酸痛，到了晴天，背上的旧伤自然就好了。我就是靠这个预测天气的。"此言一毕，四座涕零，李隆基也很有感触。

兴许是因为李守礼那个灰色的回忆，《新唐书》和《松窗杂录》共同记载了一则很有意思的故事，王皇后失宠后，曾向唐玄宗哭诉说："想当初我的父亲曾脱下自己的紫半臂衫才换来一斗面，在您生日时为您做汤饼贺寿！陛下难道您一点儿也不念及往昔共同度过的苦难岁月吗？"李隆基听后，勾起往昔的回忆，于是暂时打消了废后的念头。

这则故事乍一看很有可信度，毕竟有李守礼挨打的故事在前，李隆基在生日那天挨个饿好像也很正常。何况武则天既然可以在正月初二处死李隆基的母亲，为什么不可以在李隆基生日的那天饿他一顿。

其实吧，这则故事不可信的地方不在于武则天会不会刻意去饿李隆基一顿，在他过生日的时候连碗汤饼都不给吃，而是武则天真的要刻意搞饥饿教育，恐怕小王姑娘的父亲王仁皎根本不可能托到什么人给李隆基送吃的，因为没人会为了一个处在幽禁状态的小皇孙得罪女皇，更别说一个宫外之人没有特别许可根本不可能进宫。再者，汤饼又不是什么昂贵食物，只是主食而已，制作汤饼需要的材料也贵不到哪里去，王仁皎虽然官职不高，但也不至于穷到一斗面都买不起。若王仁皎这样的有官职的皇家姻亲都买不起一斗面，那么武则天治下的大周百姓过的生活简直水深火热啊。事实是王仁皎不差买一斗面的钱，他根本无须用自己的衣服去换面粉。

另外，李隆基幽禁生活虽然艰苦，但应该比李守礼要好过一些。主要原因有两个：一是李隆基身边有父亲，李旦当时身份怎么说也是皇嗣，物质待遇还是可以的，身边乐工都配备了不少；二是李旦和李贤相比，对武则天来说，虽然同样是儿子，手心手背都是肉，但明显手心的肉比手背多些，相比处处与自己作对的李贤，当然是识时务的乖儿子李旦更加讨人喜欢了，李隆基和李守礼相比，也是李隆基更加讨武则天喜欢一些。再撇开父辈的因素，李守礼要比李隆基大十三岁，武则天对李家成年人要比儿童相对严厉一些。

虽然汤饼的故事很大可能不是真的，但是小王姑娘陪伴李隆基的幽禁日子不好过却是毋庸置疑的。只是这种不好过不是物质上的，而是精神上的。本来幽幽深宫就是一个需要谨言慎行的地方，尤其是处在这种被幽禁的劣势中，更需要审慎。同样是长寿二年，前尚书监裴匪躬、内常侍范云仙因为私底下拜谒皇嗣李旦，被腰斩于市。从此，公卿大臣再也不敢去见皇嗣李旦了。

可就算这样，还是有人诬告李旦心怀不轨打算谋反，幸好李旦身边的乐工安金藏剖腹替他鸣冤。①这事震惊了武则天，诬告的事也跟着不了了之。当武则天的儿孙不容易，当武则天的儿孙身边的人更难。武则天就算不喜欢与自己处处作对的李贤，但在逼死了李贤之后，她还是会在洛阳显福门为李贤举哀，并追复李贤的王爵。说到底，李贤终究是她的亲生儿子，武则天对

---

① 安金藏原为唐代中亚的安国胡人，后归附唐朝，为太常寺乐工。武则天当政时，太子李旦被诬谋反，武则天下令查处此事，安金藏为洗脱太子罪名，当众引佩刀自剖其胸，言"愿剖心以明皇嗣不反"。

他也并没有那么绝情。而武则天的儿媳就没这么幸运了。李隆基的母亲窦氏和皇嗣妃刘氏被武则天下令处死后，连尸首都不知去向，即便窦氏的儿子李隆基后来成了至高无上的大唐皇帝，作为皇帝，李隆基可以开创盛世，却掘地三尺也没有办法找到母亲的遗体。武则天的狠戾，似乎也只有在面对自己子女的时候，才会有些许收敛，对其他人则是毫不留情。同样处在幽禁的状态，武则天儿孙的精神压力大，儿孙身边的人的精神压力更大，他们终日提心吊胆，担心自己的小命随时都可能葬送。

相比李隆基，小王姑娘就如流入宫墙的无根飘萍，她没有依仗，所能够依靠的只有那个年纪与她相仿的男孩。可那男孩的生活本来就危机四伏，外加这小男孩当时是不是真的乐意接受她还是一个问题，毕竟小王姑娘嫁给李隆基的时间很特殊，正好是李隆基母亲被杀害的那一年。李隆基纳娶小王姑娘不过就是遵照父亲李旦或者祖母武则天的意愿，他本人是否真心接纳小王姑娘，谁又知道呢？退一步说，就算李隆基从心里也接纳这个小玩伴，但宫里的规矩终究是"成王有过，则挞伯禽"。

在禁宫之内，李隆基再不济也是皇孙，命运还是有相当大的一部分掌握在自己手里，只要在祖母武则天面前表现得足够听话，他的性命还是无忧的。小王姑娘要过得好，她不仅自身要谨言慎行处处小心，还得看李隆基的情况，因为她的命运还有一部分在自己的小丈夫身上，若李隆基遭遇不测，小王姑娘也必受牵连，所谓"一损皆损，一荣皆荣"。

同居深宫中，此二人青梅竹马的童年生活，虽未见得有李白诗歌中那种"两小无嫌猜"的轻松惬意，但倒也多了几分患难之情。

愿同尘与灰

坊间流传的歌谣像是时代的先知。在战乱纷纷的隋末，李唐尚未受命于天的时候，天下人就已经传唱起了《桃李子》："桃李子，莫浪语。黄鹄绕山飞，宛转花园里……李花结果自然成。"伴着《桃李子》悠扬的歌声，李氏皇族成为新时代的主宰。随着光阴流逝，坊间传唱的歌谣在不知不觉中变成《武媚娘》，很快武则天便成为旷古唯一的女皇。韶华易逝，当女皇老去之时，天下人又开始歌《英王石州》。神龙元年（705年）正月二十四日，五王政变之后，曾经的英王李显正式从武则天手中接过皇权，李唐王朝复辟。禁宫中的李花早已随风四散，离开幽禁的深宫，李氏皇族似乎迎回了属于自己的时代。那年的冬天，昔日不可一世的女皇武则天在东都洛阳的上阳宫孤独地离世。可"先知"的寓言并没有结束，天下人又传唱起了《桑条韦》。

伴着《桑条韦》的歌声，唐中宗李显的皇后韦氏开始依葫芦画瓢学了自己的婆婆武则天，而李显则因昔日与韦氏相依为命的旧情，在继位之后对韦后可以说是百般纵容，武氏家族通过勾结韦后又重新回到了权力的中心。此时，刚刚复辟的王朝仿佛是武周时代所延续的一个缩影。在这个缩影里，天子是李家人，天下权柄却并非属于李氏。李氏皇族的命运依旧像扬尘中飘零的李花一般浮生难料。真正属于李氏的时代，又何时会到来？

神龙三年（707年）七月初六，因为庶子的出身，长期被韦后、武三思、安乐公主等人厌弃、奚落的太子李重俊终于抑制不住心中日积月累的愤恨，发动了一场如同儿戏的政变——"景龙政变"。政变之初，李重俊本末倒置地将政变的中心放在武三思的府邸。为了发泄昔日所遭受的来自武家人的轻蔑，他先是矫制发动了羽林千骑兵三百余人，攻进了武三思父子的府邸。处死武三思父子之后，他才想起来率众逼宫。这时，唐中宗李显早就和自己的皇后韦氏躲到了玄武门的门楼上。姗姗来迟的李重俊最终成为玄武门前的失败者，而他原本高贵的头颅更是不幸地成了武三思父子灵柩前的祭品，最后被悬挂在朝堂上示众。

看着那颗高悬于堂的前太子首级，二十三岁的李隆基心里滋生出一个宏大的志向——复兴李氏。然而，这个宏大的志向并非源自青年的勃勃雄心，仅仅是环境所迫。

自神龙元年复唐以来，李显对外戚一直没什么抑制措施，韦后、武三思恃宠专权时期，李显不但下旨恢复了先前所废的象征武周的崇恩庙和昊陵、顺陵等，还将韦后父亲酆王韦玄贞的酆王庙改称为褒德庙，并将韦玄贞的墓扩建成荣先陵。太子兵败后，韦后虽然少了武三思相助，但其势力并没有被削弱。之前依附武三思的幕僚纷纷转投到了韦后的门下。

同一年，韦后先是自己下表请求将李显加尊为"应天神龙皇帝"，之后又让宰相宗楚客率领百官上表请求李显加封自己为"顺天翊圣皇后"。韦后的做法和当初武则天的做法如出一辙。不同的是，现在的李氏皇族不可能再通过避让苟且偷生。武则天时代，李旦、李显和他们的儿子能通过避让免去祸端，甚至在物质生活上还能有保障，其原因是他们都是武则天的亲儿子、亲孙子，而那些唐高宗其他妃嫔所生的儿孙们就没这么幸运了：燕王李忠被贬至房州，因为惧怕武则天，常着妇人装以求避祸，麟德元年（664年）他仍因为被人诬告与西台侍御上官仪谋反而被赐死；许王李素节在武则天临朝时被武承嗣诬告，最后在洛阳的龙门驿被缢杀；泽王李上金得知许王的死讯后，因惧怕武则天自缢而亡，即便如此，他的七个儿子也并没有因此得以保全，都死在了发配显州的路上。

如果韦后成功复制了武则天的神话，那么等待李旦父子的命运可想而知。不打算坐以待毙的李隆基所能选择的只有迎难而上了。机会，总是与风险同在。此时，在李隆基身边第一个支持他、第一个愿与他共进退的人，正是他的妻子临淄王妃王氏。从青梅竹马到生死相随，王氏的选择正如李白《长干行》中的女子誓与丈夫"白首不相离"、"愿同尘与灰"。王氏清楚地知道自己丈夫的远大志向可能带来的结果是毁灭性的，但她还是义无反顾地去支持他。

这是没得选择吗？是，也不是。"夫妻本是同林鸟，大难临头各自飞"，作为临淄王妃的王氏，若只是为了生存，那么出卖自己的丈夫，她一样可以在韦后统治的时代里生存下来。可王氏不仅仅是李隆基的发妻，更是在一起成长的发小。在过去的十多年里，她和李隆基相依相伴度过了漫长的灰色的幽禁生活，在危难中所建立的感情是深厚的，现如今的王氏又怎么忍心舍弃自己的爱人而独活于世呢？同不打算坐以待毙的李隆基一样，无法舍弃爱人的王氏，所能选择的只有追随。

复兴李氏的背后，自然是要剪除韦后的党羽。然而，这免不了得用一场血雨腥风的宫闱杀戮来做洗礼。壮志满怀的李隆基，其实仅仅是一名郡王，他不可能像太子李重俊那样一呼百应，因为他并没有多大的声望，他一切的政治资本都源自他的父亲相王李旦。可以说此时的李隆基理想是丰满的，他要面对的现实却又是骨感的。

当时，李唐宗室中只有李旦的声望可以与太子相比，一来李旦是做过天子的人，二来当年李显的太子之位是他让出来的，李显复辟之初曾有意立他为皇太弟。李隆基那复兴李氏的壮志，无论如何也绕不开自己的父亲。景龙年间，李隆基打着自己父亲相王李旦的名义，以匡扶李唐社稷为由，不动声色地暗中结交各路豪杰。

景龙三年（709年），迫不及待准备做女皇的韦后毒弑了自己的丈夫李显，拥立了年幼的庶子李重茂来做傀儡皇帝，自己临朝称制，并将年号改为唐隆元年（710年）。而李隆基早已和太平公主联手，那场预谋已久的宫廷政变如长弓上的利箭一般蓄势待发。素来以父之名招募人马的李隆基在事到临门之际，并没将自己的全盘计划告诉父亲李旦。而对于妻子王氏，他一如既往地没有任何保留或隐瞒，此时此刻的李隆基对王氏是真诚而没有任何猜忌的。

默默地支持丈夫的王氏同样用自己那颗无比真诚的心来回报自己的爱人,自始至终,她都谨守着李隆基的"不逆"行径。

在六月某个流星散落如雨的夜晚,李隆基率众攻入玄武门,诛灭了韦后及其党羽。当曙光驱走了暗夜的黑云,宫廷内外形势具已稳定,李隆基来到父亲跟前,叩谢先前的不启之罪。李旦则一把抱住儿子,喜极而泣,道:"儿啊,你何罪之有!社稷宗庙得以保全,这都是你的功劳!"

韦后的女皇梦破灭了,作为韦后傀儡的李重茂,他的皇帝宝座也坐到了头。年近五十的李旦又重新做回了天子,皇权终于完整地回归到李氏的手中。人说除天下之祸者,当享天下之福,凭借"唐隆政变"的功劳,庶子出身排行老三的李隆基连升三级,当上了平王不说,还力压自己的嫡长兄宋王李成器成为太子,而夫唱妇随的王氏也跟着自己的丈夫做了太子妃。这时,呈现在李隆基夫妇面前的未来仿佛是一幅无限美好的画卷。只是画卷才展开一角,就受到了外力的冲击。李隆基入住东宫不到四个月,太平公主因为担忧聪明果断的李隆基会妨碍她日后的擅权,放出了"太子非长,不当立"的说辞,并且让手下的人四处散播。

伴着流言蜚语,新一轮皇权争夺的好戏拉开了大幕。这一次李隆基的对手是他的姑妈和父亲,而他的妻子王氏依然是他最坚定的支持者。

四序佳园物候新

光阴似箭,转眼又是新的一年。阳春三月,风光迤逦的曲江池畔,那千株柳百株梅早已披上绿衣红裳。络绎不绝的马蹄声伴着游人的欢颜笑语回荡在绿荫道上。在密密麻麻的游人中,来了一位穿着紫衫的青年郎君,他俊朗的笑容好似和煦的春风,这不由得引来曲江畔女游人们的瞩目。正值兴头,紫衫郎君又即兴作一首诗,并气宇轩昂地吟道:"三阳丽景早芳辰,四序佳园物候新。梅花百树障去路，垂柳千条暗回津。鸟飞直为惊风叶，鱼没都由怯岸人。惟愿圣主南山寿，何愁不赏万年春。"一诗吟罢，便引来曲江畔近乎所有人的瞩目。可谁都不会想到这位着紫衫的青年郎君便是当今太子。在上一轮的姑侄斗法中，因为宋王李成器坚决的避让，加上姚崇、宋璟等人积极在唐睿宗李旦面前为李隆基辩护，这让太平公主偷鸡不成反蚀一把米。景云二年（711 年）二月初二，李隆基顺利拿到了太子监国的权力，但凡六品以下的官员任免权都由李隆基全权处理，不必再同以前一样要先请示李旦。李隆基可谓是有惊无险，逃过一劫，意外地收获了六品以下官员的任免权。李隆基的心情在同年三月自然是极好的，一如他的诗歌所表现出来的那样，满是朝气和憧憬。

可惜世上没有万年不变的春景，春光虽好，终是留不住。次年（712 年）七月，彗星现于西方。太平公主趁机唆使术士对李旦说："彗星显现标志着将要除旧布新，又是在帝座前，这意味着太子当做天子。"李隆基又一次被舆论推到风口浪尖。对姑妈的挑拨，他能做的也就是极力为自己辩护。而处在妹妹和儿子斗争中间的李旦似乎已经厌烦了这样的生活，这一次，李旦干脆以"避灾"为由，把皇位传给了李隆基。

其年八月初三，二十八岁的李隆基戏剧性地继位成了天子，李旦也自然而然地升级成了太上皇。然而，这次的姑侄斗法太平公主看似和上次一样偷鸡不成反蚀一把米，实则不然，因为李旦这次的禅让是让位不让权。李隆基表面上做了天子，但是不能称"朕"，只能自称"予"。他手上的权力呢，当然比当太子的时候多了些，但也只有三品官以下的任免权，三品以上大臣的任免权以及重大行政决策权依然在太上皇李旦手中。

李旦的禅位，实际是他用来平衡太平公主与李隆基两方势力的手段。在李旦禅位之前，双方算是势均力敌；禅位之后，李隆基这边的势力看似压过太平公主一头，而事实上，有太上皇李旦庇护的太平公主远比李隆基这个受制于人的天子过得要称心如意，是时，当朝的宰相七人之中有五人都是由她举荐上来的。而李隆基身边的一些心腹，如刘幽求、张说等人都陆续被调离京城。

眼看着自己的势力被渐渐削弱，李隆基的心里难免苦闷。而这时陪在他身边坚定不移地支持他的人依然是他的发妻王氏。已然成为皇后的王氏充分理解自己丈夫的同时，也很清楚自己该做什么——作为母仪天下的皇后，自然要彰显妇德。正所谓"天子亲耕以共粢盛，王后亲蚕以共祭服"，先天二年（713 年）三月，王皇后便恢复了亲蚕之礼。

除此之外，知道丈夫难处的王皇后适时将自己的胞兄王守一也拉入了李隆基政治集团，一同谋划剪除太平公主政治集团的事宜。事实上，九岁便与王皇后成婚的李隆基对妻兄王守一并不陌生，两人的关系一直很熟络。李隆基继位之初，就下诏把自己的妹妹清阳公主嫁给了王守一，这在当时恐怕也是长安城中街头巷尾人们热议的一个话题吧，毕竟，那可是天子做媒嫁妹妹，皇后哥哥娶新妇。

王家和李隆基的关系到了这个份上，自然是一荣俱荣一损俱损。先天二年六月，李隆基与太平公主的权力争夺战已经进入白热化阶段。疯狂的太平公主竟然与宫人元氏合谋，准备在李隆基服用的天麻粉中投毒。事情败露后，太平公主仍旧不罢休，继续和窦怀贞等人合谋准备再发动一次政变另立新君。形势到此，对李隆基来说已经十分紧迫了。可李隆基的心中还有道坎跨不过去——其实除去太平公主不难，难的是如何面对父亲李旦。这一次的政变与其说是针对太平公主，不如说矛头指向的是制衡天下的皇权，真正拥有这个权利的人不是太平公主，而是李旦。当了太上皇还不肯放权的李旦又何尝不是在利用太平公主政治集团的势力约束自己的儿子。李隆基不是不明白这其中的玄机，只是大唐以孝治天下，如何能除去太平公主，从太上皇那里拿到制衡天下的大权，又不背负不孝的坏名声，这成了李隆基心中的一道难题。

不过任何难题都有解决的办法。用李隆基帐下幕僚王琚的话来说："天子的孝道和一般庶民是不一样的，陛下应该以宗庙社稷为重。"天子的孝道是以社稷为重，天下为己任，那还有什么好顾及的呢？经过与幕僚们商议，先天二年七月三日，李隆基带着王守一、王毛仲等人调用闲厩①中的马匹以及禁兵三百余人，从武德殿进入虔化门，直至朝堂，一路将太平公主的心腹悉数斩获。

最后，李隆基又到父亲身边来谢先前的未禀之罪。这回的情节几乎和上一次"唐隆政变"后一样，不同的是这一次李旦不会再像上次那样一把抱住自己的儿子，喜极而泣地说"社稷得以保全，都是你的功劳"，过去的事情终究是过去的事情。同样这回的李隆基也不是单纯来谢不启之罪，他真实的用意在于请受制衡天下的实权。

次日，无可奈何的李旦颁布了一道诰："自今军国政刑，一皆取皇帝处分。朕方无为养志，以遂素心。"从此，李旦移居百福殿，真正过上了如唐高祖李渊一样悠哉的太上皇生活。失去羽翼和保护伞的太平公主则刚烈地选择了以自尽的方式来做最后的了断。

二十九岁的李隆基如愿以偿地做上了名副其实的大唐天子，并且改年号为"开元"。围绕大唐数十载的红妆梦魇终于画上了句号，又一篇新的史诗拉开了序幕，一如李隆基诗中所言——四序佳园物候新。

开元，这是一个崭新的时代。在这崭新的时代里，李隆基继续着他复兴李氏的梦想。这一次，他打算效仿自己的曾祖父李世民去开创一个盛世。而

---

① 古代皇家养牲口的地方。

这时，隐没在时代序幕后面的王皇后依旧是李隆基身边的贤内助。

琐琐姻亚，则无膴仕

《诗经·节南山》说："琐琐姻亚，则无膴仕。"译过来呢，就是说那些资质平庸靠着裙带关系上位的人，不应该被偏袒并委以重任。在上一个由女人主宰的天下里，当政的女主们为了巩固自己的权力不可避免会任用诸多外戚。世上总是庸人多，奇才少，任用的外戚也是如此。武氏、韦氏的外戚，庸碌无能、趋炎附势的小人远比有才有德的人要多得多。

想要重振贞观之风的李隆基对外戚不可能像唐中宗李显那样因为妻子曾经的患难与共就无底线去袒护。对此，不仅素来识大体的王皇后理解自己的丈夫，就连她的父亲王仁皎也很配合自己的女婿。自从女婿当上天子，王仁皎的官位就从左卫中郎将升至将作大匠①，不久又当上太仆卿，并迁开府仪同三司。按照大唐惯例，皇后的父亲一般都会被封国公，王仁皎托女儿的福很快就被封为了祁国公。对突如其来的加官晋爵，王仁皎表现得很坦然，非但自己避职不事，还常常对自家亲友说："明明天子，择贤共理，琐琐姻娅，则无膴仕。不识不知，乐我而已。"②翻译过来，意思就是："圣明的天子，当择贤者共理政事，裙带关系的姻亲，不该被偏袒并委以重任。我的学识浅薄，做些自得其乐的小事情就可以了。"

这里的"不识不知"，字面上是说学识浅薄，但是这词背后有两则很有

---

① 将作大匠，中国古代官名，掌管宫室修建之官，将作监的长官。战国始置，历代沿革，名称不一但职掌大致相同。
② 摘引自《赠太尉益州大都督王公神道碑奉敕撰》。

意思的故事。孔子的学生子贡在晋国遇上赵简子询问孔子的为人如何，子贡回答说："不能识也。"赵简子诧异道："你跟着孔子数十年，完成学业才离开，怎么连老师的人品如何都说不出来呢？"子贡回答说："我就像口渴的人在江海边饮水，饮足水就够了。孔子如同江海一样，我又怎么可能了解他？"之后，子贡出访齐国，遇上齐景公也问孔子到底有多么贤德。子贡机智地回答："天下人都说天高，可没有一个人知道天到底有多高，所以我也不知孔子到底有多贤。"这两个典故衍生出了"不识不知"一词。

其实说自己"不识不知"的人，并非是真的不识不知。这些人往往心里都有一本明白账，子贡如此，王仁皎同样如此。从武周到先天，多少外戚弄权，最后几乎无一善终。现如今的天子一心想要重振贞观之风，怎么可能去重用没有什么长处的外戚？人可以没有知人之明，但不能没有自知之明。

不知道是不是受了父亲的影响，王皇后的哥哥王守一因为跟随李隆基诛太平有功，被李隆基封为晋国公，虽位居国公，又是有功之臣，但他的表现也很低调。虽然两唐书都说王守一为人贪婪，喜欢敛财，但是从开元元年（713年）到开元十年，王守一倒也真没给李隆基惹出什么麻烦事来。不过，王皇后父兄没给李隆基惹事，不等于王家的亲戚都安分守己。

开元四年（716年），王仁皎的另一个女婿尚衣奉御长孙昕仗着自己是皇上的连襟，一个五品的官竟然为私恨带着二十多人将从三品的御史大夫李杰给暴打了一顿。事后，李杰愤然上表："臣被长孙昕等人打得发肤皆毁，这只不过是受了皮肉之苦，但是臣穿着朝服衣冠受到这样的侵凌，这则是国家的尊严受到了侮辱。"看了李杰的上表，当时事事以"贞观之治"为榜样的李隆基当然怒不可遏，随即下诏杖杀了长孙昕。李隆基为此还专门降敕安慰李杰："长孙昕是朕的亲戚，朕平日疏于训导，以致他胆敢如此。现在他已经伏法了，还望您日后继续以刚正之心，揭露这样的事情，千万不要把这样的恶人放在心上。"

开元初年的李隆基绝对是一副明君做派。对于外戚中品行不端的，可以说是眼里不容沙，当然，对外戚中品行端正的人他则"举贤不避亲"。王皇后的堂叔王仁忠为人忠厚，办事也很有分寸。李隆基继位后，王仁忠因为是皇后亲族的关系，先后迁任太子仆、鸿胪少卿、太常少卿等职。后来李隆基又提拔他为左千牛卫将军，并且对他说："以前太上皇也曾做过这个差事，之所以特地将这个官职委任于你，是因为你是亲族中的贤德之人。"

开元七年，王仁皎病逝，王守一给李隆基上表，请求按照成皇后（李隆基的母亲）的父亲窦孝谌的坟茔五丈一尺高的标准来修建自己父亲的坟茔。当时李隆基为了宽慰皇后，批准了王守一的上书。自武则天时代开始，外戚的坟茔普遍都是这样的规模。但是以李世民贞观时代的标准，五丈一尺高的坟茔是绝对越制的，因此宰相宋璟知道此事后，立马向李隆基进言："按照规定，一品官墓高一丈九尺，陪葬先皇陵寝者的坟茔也不过就是高出三丈而已。陛下啊，当年您外公窦太尉的坟茔已经越制了，那会儿街头巷尾就有人议论这样做不合礼制，只是当时朝堂上无人坚持指出这个过失罢了，陛下现在怎能重蹈覆辙？想当初太宗文皇帝的爱女长乐公主出嫁，所送嫁妆超过了长公主，魏徵加以谏阻，太宗采纳了他的意见，长孙皇后还请求太宗赏赐魏徵。既然您打算要恢复贞观时代的社会风气，当然要以身作则，哪能像中宗那样批准将韦后父亲的坟茔改为酆陵？再说以皇后之父的尊贵，想要把坟茔建高大些，其实也没有什么困难，我们之所以再三加以进言，只是为了成就王皇后的美名。更何况陛下今日所行之事，当传之后世，永为后世子孙效仿，怎么可以不谨慎从事？"

有句话叫"前有房杜，后有姚宋"。李世民贞观时代，宰相房玄龄擅谋划，但缺少决断，李世民的另一个左膀右臂杜如晦则擅长决断，李世民在房杜二人同心济谋下开创了一个治世。而当下的李隆基也凭借着姚崇和宋璟这两位贤臣开创了一个新的盛世。其实，拿宋璟比杜如晦，不如拿他比贞观时代的谏言高手魏徵。宋璟这人不仅擅长决断，更是同魏徵一样深知何为谏言艺术。宋璟把话说到这份上，不仅李隆基欣然从谏，后宫中的王皇后想必也一样很赞许宋璟，毕竟王皇后没有理由不向长孙皇后那样的贤后学习，何况此时的王皇后也确实是一个很有分寸的人，一来她谨遵"后宫不干政"的古训，二来她从不为自己的家人在李隆基面前请愿。如果唐中宗的韦后一上台即开始模仿她的婆婆武则天，那么可以说支持李隆基政变并把自己的哥哥引荐给李隆基的王皇后可能从一开始就在效仿长孙皇后。为配合李隆基打造一个新的"贞观之治"，开元确实需要一个如长孙皇后那样贤德的皇后。

李隆基最后没能给老丈人建五丈一高的坟茔，但是老丈人的丧事办得依然十分体面。按照大唐的惯例，李隆基先是追赠王仁皎为太尉益州大都督并赐东园秘器①，之后又亲定"昭宣"两个字的美谥。出殡的当天，李隆基特地在望春亭目送老丈人的灵柩以示哀悼。京师的公卿、官员、文士皆奉皇帝之命竞相前往王府吊唁，当日王府的人多得"溢巷填街"。

王仁皎神道碑的碑文和墓志铭出自名重一时的"燕许大手笔"②，神道碑的碑文是李隆基命燕国公张说写的，上面的字则是李隆基御笔亲书；墓志铭则是许国公苏颋写文，宰相宋璟书其文。

成功男人的背后都有一个支持他的女人，而这个女人应该是明惠的。明

---

① 皇室、显宦死后用的棺材。
② "燕许"指唐作家张说、苏颋。张说封燕国公，苏颋封许国公。《新唐书·苏瑰传》载："苏自景龙后，与张说以文章显，称望略等，故时号'燕许大手笔'。"

惠的女人必然不会是好事之人，更不是搬弄是非的长舌妇。从开元元年到开元十年，这是李隆基效仿贞观之政最为卖力的十年。在这十年里，他重用姚崇、宋璟等人，上演了一出出"从谏如流"的好戏。开元时代的大舞台上也涌现出诸多出众的人物。王皇后和其家人在大时代里的资料记载并不多，就像是沧海一粟，但是他们站对了自己的位置，在这个以武周外戚弄权为反面教材的新时代里，王皇后和王家人默默无闻隐于历史，也算是一种明惠的选择。

美中不足今方信

贞观十七年（643年），魏徵过世时，唐太宗曾临朝叹道："夫以铜为镜，可以正衣冠；以古为镜，可以知兴替；以人为镜，可以明得失。朕常保此三镜，以防己过。今魏徵殂逝，遂亡一镜矣！"

同贞观时代的曾祖父一样，开元时代的李隆基手边也有三面镜子。第一面镜子是用来正衣冠的铜镜，它朴质无华，可以说是人人皆有；第二面镜子是史家吴兢进献的《贞观政要》，正所谓以古为镜，可以知兴替，历经了武周时代的脂粉王朝，天下之人在思慕李唐王朝的同时无不怀念着"贞观之治"，想要重振李唐，对李隆基来说，这本《贞观政要》无疑是最佳的教材；第三面镜子则是宰相宋璟，同贞观时代的魏徵一样，他敢于谏言，也深知谏言艺术的奥妙，李隆基对宋璟的批评意见，可以说是从谏如流，为褒奖宋璟的逆鳞直谏，他赐予宋璟一双金箸以表彰他的刚直。

从开元元年到开元十年，君臣上下，朝廷内外，几乎人人都在配合李隆基上演这一场"贞观之治"的模仿秀。唯有李隆基的皇后王氏有些许例外。从武周到开元，王皇后一直都是李隆基身边最忠实的支持者。可惜的是这位铁杆支持者却天生不是做演员的料，她不懂得如何隐藏自己内心的情绪。当上皇后的王氏明白《尚书·牧誓》里所谓的"牝鸡司晨，惟家之索"，所以她对朝政之事从不多言。在后宫管理上，王皇后对身边的人也素有恩惠。可以说王皇后为人处事并没有什么明显的问题。但这与标准的完美贤后仍然相去甚远。做了十年皇后的王氏没有给李隆基推荐过美人，这或许并不算什么，但她对李隆基身边的新宠总是心怀妒意，甚至由此对李隆基也颇有微词，这就有些不妥了，毕竟在古人心中完美的贤后首先不会是一个妒妇，其次也不会是一个对皇上出言不逊的妇人。当李隆基在前朝自得其乐地和众臣们上演完明君贤臣的戏码后，回到后宫，他想听到的是赞许，他所希望的皇后是一个配合他上演"贞观之治"的贤后。其实，起初王皇后确实在配合李隆基表演"贞观之治"的模仿秀，只是日子久了，李隆基的心变了，王皇后也不那么配合了。

当李隆基满怀期盼地想着自己的皇后可以像长孙皇后那样明事理，大度地为他荐美纳贤的时候，他得到的回应却是王皇后醋意满满地指责他只顾宠爱身边的新人武惠妃，冷落了她这个原配发妻。对于这样的回应，起初李隆基虽然会有些失望，但他也会反省，可这样的指责次数多了，李隆基的心中恐怕也就只剩下厌烦和失望了。

平心而论，彼时的李隆基并非只见新人笑而不见旧人哭，他在盛宠新人武惠妃的同时也没有忘记同甘共苦的发妻王皇后。开元十年三月，王皇后的堂叔左千牛卫将军王仁忠和武惠妃的母亲郑国夫人杨氏在各自京兆的私第病逝。一头是宠妃的生母，一头是皇后的堂叔，李隆基两头都没有亏待，一样都是丧由官办，郑国夫人的葬礼异常体面，左千牛卫将军王仁忠的葬礼也不寒碜。李隆基得知王仁忠的死讯后，便赠他为安州都督，又遣人赐物二百段，米粟二百石送到他家。

对于丈夫这种想要新欢旧爱一碗水端平的做法，一般年老色衰又无子嗣的妻子可能会选择默然接受，因为现实情况让她们不得不妥协。唐代再开放终究也只是一个封建王朝，在封建男权社会中大部分女性只是丈夫的依附品，《仪礼》载："妇人有三从之义，无专用之道。故未嫁从父，既嫁从夫，夫死从子。""三从四德"古已有之，到了唐代，这些依旧是衡量妇人的重要标准。说到底在封建的男权社会，女性的地位始终卑微。虽然唐代出了一个万古唯一的女皇帝武则天，但是武则天一人改变不了封建社会女性的地位，绝大多数女性还是受制于她们的丈夫。在封建社会中，女性既不能考科举，也不能从军立业，上大街也找不到什么正当又体面的营生。自始至终，封建社会中几乎所有女性的荣华富贵都源自于她们的父亲、丈夫、儿子。如果一个妇人年老色衰又无子，且被丈夫抛弃的话，那么她的晚景无疑会很凄凉。

不过王皇后可能因为从小离家，在一个钩心斗角的后宫环境中长大，比一般的妇人多几分见识，也多几分胆识。后宫，究其本质是封建男权社会影响下的一个畸形产物。但是后宫又不同于别的地方，因为这里的主体是女人，所以后宫相当于一个女人的江湖，母仪天下的皇后自然是后宫这个女人江湖的霸主。作为霸主的王皇后，自然是一个有想法又大胆的人——如果王皇后没有足够的胆识又怎么会陪着李隆基发动两次政变。也正是因为她陪着李隆基出生入死，所以她对李隆基这种新欢旧爱一碗水端平的做法非但毫不领情，相反她心中的妒怨又多加了一分。此后，她还是一如既往地见到李隆基就开始埋怨，甚至翻起旧账。如果说王皇后之前的妒意是因为李隆基冷落了她，那么现在她的妒恨则是因为李隆基竟然将一个坐享其成的后来者看得和她一样重要。

数十年与丈夫患难与共，如今他当上了万万人之上的天子，自己虽然贵为皇后，但却要和一个年轻的后来者平分秋色，这样的事情搁在谁身上心里都不会好受。但聪明的皇后明白什么叫以退为进，绝不会将自己的负面情绪在皇帝那里表现出来。遥想当年汉高祖盛宠戚夫人，甚至打算为她改立储君的时候，不可一世的吕后所能做的，也只能是忍气吞声，吕后狠狠地收拾戚夫人则是等到汉高祖百年之后的事情了。王皇后的所言所行，实在不是明智之举。

汉灵帝在立宋贵人为皇后的册文上说："皇后之尊，与帝齐体，供奉天地，祇承宗庙，母临天下。"皇后之所以能"母临天下"，是因为"与帝齐体"。而"与帝齐体"的前提是她的丈夫得是天子。换言之，皇后作为天子之妻，她尊贵的身份以及显赫的地位和其他贵妇一样均来自她们的丈夫。一旦她们的丈夫变了心，千方百计地想要休妻的话，毫无疑问她们的生活会从云端坠落到地狱，这其中摔得最惨的人莫过于皇后。

从来闭在长门者，必是宫中第一人。世间哪有尽善尽美、一成不变的事，海誓山盟的爱情故事很多，但又有几个能经得住时间的考验。开元十年八月，李隆基对皇后喋喋不休的怨怼实在忍无可忍了，萌生了废后的念头。于是，李隆基私下召好友秘书监姜皎来商议，他打算以皇后无子为借口将其废黜。可惜后来这事被姜皎不慎泄露了出去，李隆基只得暂时放下废后的打算。但是这并不等于李隆基对皇后心生恻隐打消了废后的想法，相反，通过姜皎一事，他对皇后更多了一份猜忌，因为揭露姜皎的不是别人，正是王皇后的妹夫嗣濮王李峤。该案在处理的过程中，宰相张嘉贞又为了附和王皇后兄长王守一的意思，进一步罗织了姜皎的罪名，并请奏将其杖打六十之后流放钦州。

共苦容易，同甘难。当李隆基把贞观时代的壮丽大唐重新带回世间的时候，他与王皇后之间的关系却产生了一道难以弥补的裂痕。昔日亲密无间、患难与共的夫妻，如今富贵了，反倒变得彼此忌惮起来。姜皎一事过后，李隆基虽然没有追究王家人的责任，但是他特地颁了一道《诫宗属制》："自今以后，诸王、公主、驸马、外戚家，除非至亲以外，不得出入门庭，妄说言语。所以共存至公之道，永协和平之义，克固藩翰，以保厥休。贵戚懿亲，宜书座右。"

不管《诫宗属制》算不算李隆基的最后通牒，但从《诫宗属制》文中可以看出李隆基对宗族外戚的提防猜忌之心有多重。可以说姜皎案中，王皇后和她的家人给李隆基留下了一个很不好的印象。

到底意难平

人世间从来不缺少英雄好汉，也有的是金银珠宝。只是金无足赤，人无完人，真正可以完美无瑕的英雄就如稀世珍宝一般少之又少。李隆基若只活到开元二十三年（735 年），没有一日杀三子的恶举，也没有父娶子妻的丑行，更没有"安史之乱"这个巨大的瑕疵，那么以他前半生的功业足以让他步入完美英雄的神台，成为后世帝王的典范。同样王皇后若在李隆基打算正式废后前就"积怨成疾"，因而病卒的话，想来她在历史中的身影也会更明晰一些，对她的评价也会好一些。在后位被废前死的话，起码李隆基会给她一个不错的谥号。可惜历史没有假设，人生也不能假设，终究这对夫妻谁都没有死对时候。

开元十年之后，王皇后又在摇摇欲坠的后位上坐了两年。而在这摇摇欲坠的两年里，李隆基并不是全然不念旧情完全没有给王皇后和王家人机会。开元十一年（723 年），李隆基南郊祭天的时候，除了给自己的女婿赐物三百匹以外，还给王皇后的哥哥王守一赐物三百匹。可惜王家人末了也没有领李隆基的情。

开元十二年，已然升为太子少保的王守一病急乱投医，托僧人明悟为妹妹作法求子，先是在家中开台祭拜北斗七星和南斗六星，并剖开霹雳木，在上面写下天地二字和皇上的名讳，然后再将这两个木片合在一起，让王皇后佩戴在身上。这还不算，他还在祝词里说："带着它可保佑早生贵子，往后将可与则天皇后相比。"世上没有不透风的墙，李隆基得知此事后，毫不客气地以巫蛊为由废了王皇后。门下省所拟废后诏书上说："皇后王氏，天命不佑，华而不实。造起狱讼，朋扇朝廷，见无将之心，有可讳之恶。焉得敬承宗庙，母仪天下？可废为庶人，别院安置。刑于家室，有愧昔王，为国大计，盖非获已。"

与李隆基相伴走过半个甲子的王皇后最终得到的是一道无情的废后诏，诏书上面说得最重的话是"见无将之心，有可讳之恶"。何为"无将之心，有可讳之恶"？《公羊传》曰："君亲无将，将必诛焉。""无将"的本意是勿存叛逆篡弑之心。然而，这里所谓的"无将之心"，不可言说之恶，其实是说王皇后心存叛逆之意。一个可怜巴巴期望靠巫术求子的皇后竟然存有叛逆之心，这听上去就跟忽悠小孩的故事一样可笑。也许这则巫蛊事件的本身就是一个笑话。嫁给李隆基已经近三十年的王皇后，一直都没能怀上自己的孩子，在年轻的时候她也没因此大力去寻医问药、求神拜佛，反而在年近四十的时候竟然会相信通过巫蛊之术可以怀上孩子，并由此期望改变命运成为武则天一样的人物，这本身就是一件不可思议的事。虽说病急乱投医的人是不需要理由的，但是从王皇后过往的表现来看，她不至于是一个蠢笨至此的女人。王皇后符厌巫蛊之事到底可信度几何，又或者是不是遭人陷害，这大概只有当事人心里才清楚。无论如何，李隆基废立之心已定，即便没有"符厌"一事，王皇后的后位也很难保住，此事不过是他给自己找的一个废后的理由。李隆基忍了两年也给了两年的机会，可王皇后和她的家人终究没能改变自己翻旧账的老毛病。废后诏中的"无将之心"不过就是夸大了昔日王皇后因为嫉妒武惠妃心生怨怼时对李隆基说的那些口不择言屡屡冒犯的话。

至于废后诏上说的"造起狱讼，朋扇朝廷"，这恐怕是李隆基将姜皎的那桩案子也算在了王皇后的身上。王皇后被废后，她被李隆基安置了"别业"。而她的兄长王守一先是被迫和清阳公主离婚，之后又被贬为潭州别驾，在赴任途中又被李隆基赐死。之前姜皎案中与王守一交好的张嘉贞也因此被贬为台州刺史。回想当年李隆基需要这对兄妹的时候，对王皇后也是百般恩宠，并把自己的妹妹清阳公主许给王守一以示亲好，如今这对兄妹成了罪人，之前所拥有的一切都付之一炬。

除了这对倒霉的兄妹，清阳公主同样是个不幸的人，她那贵为天子的兄长不过是把她当成一个抛来抛去的绣球，或者说拉拢功臣贵戚的工具。"无情最是帝王家"，这句话怕是在当代绝大部分的后宫小说中都会被引用到。一句话若总是被引用，怕是脱不了俗气，但这句俗气的话，自有它不俗的道理。清阳公主的婚姻基本上是一个半点不由己的悲剧，她嫁给王守一是李隆基的安排，让她同王守一离婚还是李隆基的安排。而这些安排都不是出于她个人的情感考虑，纯粹出于李隆基的政治需要。摊上李隆基这样的哥哥也许比摊上李隆基这样的丈夫更加不幸。毕竟，嫁什么样的人还有可选择的余地（虽然这种选择绝大多数时候不是自己做出的），而摊上什么样的父亲或兄长却是生来就注定的事情，没法选择。

王皇后虽然摊上了一个笨哥哥王守一，但这个笨哥哥到底也是替她着想才会托僧人明悟为妹妹作法求子。当然，保住王皇后的富贵也确实关系到王家人的富贵，王守一也确实是个贪婪好利的人。但王守一的官爵不仅仅因为他是皇后的哥哥，当年王守一被王皇后拉进李隆基的政治集团，他也参与谋划了"先天政变"，而且在政变的当日一直都跟在李隆基左右。换句话说，王守一本就是李隆基的功臣，在他继承父亲祁国公的爵位之前，他就凭着自己从龙之功被李隆基封为晋国公。如果他真的不管妹妹在后宫中的命运如何，只为自己明哲保身的话，那么他大可早早地和妹妹划清界限，而后各种曲意逢迎地巴结李隆基，这样做也未必不能保全自己的性命，甚至富贵。同样，当年的王守一若只是一个好利小人不管自己妹妹死活，那么在他被自己的妹妹拉进李隆基政治集团后，他大可把李隆基密谋剪除太平公主政治集团的计划转手卖给太平公主。先天二年的情况对李隆基和太平公主来说，鹿死谁手还未可知。王守一作为先天二年七月政变的参与者与谋划者，如果他把自己所知的内情转手告知太平公主，那么先下手为强的就不是李隆基而是太平公主，届时，王守一一样可以从太平公主那边获得富贵，只是他的妹妹王皇后和妹夫李隆基怕是活不了了。按照唐书评价，王守一是一个贪婪的人，但是他并非贪婪到毫无情义。同时，王守一也未必多么蠢笨，他托僧人明悟为妹妹作法求子，其原因主要是开元十年李隆基打算废后的理由是"王皇后无子"。其次，他请僧人的时候，怕也没有真的想到这事会传出去且被李隆基放大到有不臣之心。至于说他在祈祷时说"带着它可保佑早生贵子，往后将可与则天皇后相比"，其实这句话的本意未必是希望自己的妹妹生子后能和武则天一样成为一代女皇，毕竟王皇后能不能像武则天那样风光地当上女皇，不取决于她生子与否，而取决于她能不能从现任皇帝李隆基的皇后升级为下任皇帝的嫡母，即皇太后。如果王守一的祝词的重点在后半句，指望自己的妹妹日后可以风光如武则天一样，那他还不如直接祈祷李隆基早点驾崩，因为李隆基驾崩前没有废后的话，王皇后作为天子的正妻本身就可以自动升格成皇太后。嫡母的尊贵度从礼法上说是凌驾于生母之上的。何况王家倒台前，李隆基给时为太子的李瑛的亲舅舅赵常奴的待遇完全不如王守一，作为太子少保的王守一更像是太子的亲舅舅。王守一若真希望自己妹妹可以像武则天一样当女皇，那么他的祝词里怕还要加上等妹妹的儿子出生，李隆基会废了现任太子改立妹妹的亲儿子这样的说辞。而事实上，王家人从来没有不支持李瑛这个太子。开元三年（715年）李瑛被立为太子的时候，无论王皇后还是王守一，都没有表示过反对或者不满。开元三年，王皇后正当宠，王守一也不是李隆基的弃子。此外，彼时的李隆基也就三十出头，也算富有春秋，若王皇后和王守一真心反对李隆基立赵丽妃的儿子李瑛为太子，他们可以用"陛下富有春秋无须急于立太子"的理由来阻挠，他们甚至可以用赵丽妃本是伎人出身，其地位卑下为由来劝阻李隆基改立其他的儿子。是时，王皇后虽然没有亲生儿子，但也还有一个养子李亨。从王皇后及其家人在开元三年的表现来看，他们也是支持李瑛的。实际上，太子李瑛跟王舅舅和嫡母王皇后的关系远比后来跟李隆基宠妃武惠妃要好得多。

　　综上所述，其实王守一的原话意思是希望自己的妹妹生子之后，可以重新得到李隆基的恩宠，从而保住自己的皇后之位，就像感业寺里的武则天再次博得唐高宗的垂青后，通过生子来一步步稳固自己在后宫中的位置一样。说到底，王守一当时最大的期望也就是自己的妹妹可以保住皇后之位罢了。拿武则天作比，恐怕不过是因为唐前期的皇后也就只有武则天有过秋扇见捐又重得恩宠的经历。其他皇后如唐太宗长孙皇后、唐中宗韦后一直都得宠，而唐高宗的原配王皇后本来就不是很得宠，在她彻底失宠后没多久就命丧黄泉，这些人都不能拿来当参照。

　　至于说为何王守一不拿唐朝之前那些皇后作比，一来可能是因为王守一未必多么博古通今，精通文史，二来这历史上被皇帝遗忘之后重获恩宠的后妃实在是少之又少。传说中汉武帝废后陈阿娇花钱千金买得司马相如的《长门赋》重得武帝的恩宠，那只是文人墨客编造的故事，历史上汉武帝的废后陈阿娇从来就没有复得汉武帝的恩宠。

　　"珊瑚枕上千行泪，不是思君是恨君。"这两句诗来自唐代诗人李绅的《长门怨》，诗中女主人自然是被汉武帝抛弃在长门宫的废后陈阿娇，不过这两句诗用在王氏的身上也很合适。免去皇后之位后，王氏也被李隆基安置在了别院。这时，王氏心中的懊悔怕不会比汉武帝的废后陈阿娇少。王氏的懊悔也确实不是因为思君而是因为恨君。三十年同甘共苦、两次出生入死的夫妻情分不如一个美貌年轻的后来者，王氏岂能不恨李隆基这样的薄情郎？再者，王氏的哥哥王守一还因废后一事被李隆基赐死，王氏又怎能不恨李隆基这个杀兄的仇人？

开元十二年十月，被废后第三个月，王氏终因积恨成疾死在了皇家别院。曾经受过王氏恩惠的宫人对她十分怀念，李隆基在得知此事后，也开始对自己当初的做法感到后悔。《源氏物语》中，光源君在他的原配夫人葵姬死后也曾为自己当初待葵姬的态度而感到后悔，葵姬出殡的那天他选了一件颜色较浅的丧服，后来他挚爱的紫姬死的时候，他则选了一件颜色较深的丧服。同样，李隆基给原配王氏的不过就是一品夫人级别的葬礼，而日后他给武惠妃的则是皇后规格的葬礼。

三十来年患难与共的夫妻情分到头来真的还是没有比过一个年轻貌美的后来者，这也难怪当时的诗人王諲会为王氏抱不平，专门作了一首名为《翠羽帐赋》的诗来讽刺李隆基。虽然王諲的《翠羽帐赋》已经找不到原文了，但是可以参考以"长门怨"为题的宫怨诗。岑参《长门怨》云："君王嫌妾妒，闭妾在长门。"这又何尝不是李隆基最终选择抛弃王皇后的原因。除了岑参《长门怨》和李绅《长门怨》之外，刘得仁的《长门怨》似乎更加像是在替王氏鸣不平，其诗："争得一人闻此怨，长门深夜有妍姝。早知雨露翻相误，只插荆钗嫁匹夫。"王氏当年若只插荆钗嫁匹夫，她是绝对当不了皇后的，但是她当不成皇后也断然不会落到今日的地步。三十年的夫妻没有功劳也有苦劳，何况曾经的王氏和她的家族确实有大功于李隆基。最后功劳没了，苦劳也没有，得到的只是一道以巫蛊为由的废后诏。王氏的境遇何异于诸多唐代诗人笔下汉武帝的废后陈阿娇。李隆基和王氏之间，虽然没有"金屋藏娇"的约定，但好歹他们也做了三十年的夫妻。

李隆基为何如此反感王氏重提旧事？一般人看来，夫妻之间回忆过往甚至互嘲一下，其实是一件很平常的事情，甚至有些人觉得这是夫妻情调。然而，对一个过往不堪的人来说，回忆过去是一件很痛苦的事情。李隆基不愿意提往事，何尝不是因为往事不堪回首。长寿二年是李隆基和王氏缘分开始的一年，也是李隆基母亲的卒年。按照古人的规矩，父母死要守孝满三年才会谈婚姻嫁娶之事，而李隆基因为母亲死因特殊，别说守丧三年了，没几个月他就在父亲李旦或者祖母武则天的安排下娶了王氏。很难说当时李隆基的心情如何，说不定王氏在他的心中从一开始就是如鲠在喉一般的存在。

武周时代的李隆基只是一个被幽禁的郡王，从唐隆元年到先天二年，李隆基步步为营当上了名副其实的大唐天子，而王氏作为李隆基青梅竹马的发妻在功名路上与他不离不弃。王氏和后宫里其他那些粉旦是不同的，王氏见过李隆基所有的沮丧、失意、无奈、惊措，在王氏的眼里李隆基并不是神坛上的天子，而是她青梅竹马的丈夫，甚至是一个凡人，所以当她愤愤不平的时候，她胆敢对天子出语不逊。可天子终究是天子，怎么可能离开神坛呢？

李隆基不乐意王氏提及往事，是因为他和王氏在一起的往事从开始就是他人生的低谷。当他走出低谷的时候，王氏又是他的功臣。王氏所提的往事对李隆基来说无异于揭老底。高高在上的天子怎么可能日日忍受身边的人揭他的老底呢？

"都道是金玉良姻，俺只念木石前盟。空对着，山中高士晶莹雪；终不忘，世外仙姝寂寞林。叹人间，美中不足今方信：纵然是齐眉举案，到底意难平。"这是曹雪芹《红楼梦》中的曲子《终身误》，后半阕叹息的是贾宝玉和林黛玉、薛宝钗三人之间两端不同的情缘。李隆基和王氏俩人那媒妁之言的婚姻似乎就像是宝玉和宝钗俩人父母之命的婚姻一样，从开始就注定了结局会是齐眉举案，到底意难平。对李隆基来说，长寿二年是他心中永远的痛，一丧一娶的同时那个不能替生母守丧的小小少年心中难免会"意难平"吧。对于王氏来说，从她嫁给李隆基算起，她默默付出了三十多年，最后得到的不过是长门紧闭与一品夫人的葬礼，若泉下有知，心中无论如何都是"意难平"的。不，从王氏被废后的那刻起，她的心就不可能平复了。

为君一日恩，误妾百年身。王氏遇上李隆基也算得上是天命不佑，一误终生。然而，"安史之乱"后李隆基又何尝不是被命运捉弄的人。王夫之在《读通鉴论》中云："天不佑玄宗，而人不厌唐德。""安史之乱"使得李隆基走下神坛，生活又回到了原点。晚年被儿子幽禁在太极宫的李隆基是否会想起他不乐意回想的失意往事？是否会想起王氏？是否会想起昔日那个意气风发的临淄王？

宝应元年（762年），李隆基和他的儿子唐肃宗李亨相继去世。同年，李隆基的孙子唐代宗李豫继位，改元宝应，并下诏追复王氏后位。不知道这个结果是李隆基的临终之意，还是李亨临终之意。毕竟从李隆基的角度来说，人之将死其言也善，就连武则天临终之时都赦免了一票当年得罪过她的人，这其中还包括了高宗的王皇后，而李隆基与王氏本身也没有多大矛盾，王氏真的让李隆基不满的也就是她总是揭老底这一条而已。李隆基在临终之时感念她，恢复她的皇后之位，也不是没有可能。而从李亨的角度来说，李亨幼年失母，也曾被王氏抚养过，而且据说当时王氏对他"慈若亲生"。也许两者皆有可能吧。

无论出于何种原因，已故多年的王氏是再也看不到了，尽管也许她生前在被弃置的皇家别院里曾无数次梦到过自己重新坐上后位的情景。斯人已逝，一切成为空谈。

机关算尽太聪明——武惠妃

题记：一场欢喜忽悲辛。叹人世，终难定。

看不透的命运

圣历元年（698 年）三月，神都禁苑里名满天下的洛阳牡丹花期未到，而桃花李花早已绽放得如霞似火了。春日的气息随着繁花不期而至，武则天心中的天平也如春光一般渐渐明朗。终究儿子要比侄子亲，时年七十五岁的武则天开始像普通的老妇人一般思念起了自己的儿子，并开始为自己的身后事做打算，于是她召回了先前外放房州的庐陵王李显。桃李三月飞满天，在武周时沉寂已久的李氏终于在这一年的三月迎来了属于李氏的春天，而从开始就透着脂粉香气的大周王朝就像过了花期的花儿，渐渐枯萎败亡。这一年八月十一日，大周的魏宣王武承嗣因为谋求太子之位未得，抑郁离世。一个月以后，从房州回来的李显顺利地被册立为太子。先前的皇嗣李旦虽然没有了皇位继承权，但是他却获得了难能可贵的自由。不仅如此，他的儿子们也获得了再次出阁置府的机会。走出了幽禁已久的深宫，一切似乎都预示着李家人的转机。

第二年又逢李花飘扬的时节，在神都巍峨的明堂中，武则天让太子李显、相王李旦、太平公主、武三思等人立誓和平共处。她希望自己百年之后，武家依旧能如现在一样光鲜，与李氏共治天下。武则天的希望又何尝不是武氏家族共同的希望呢。希望总是美好的，但往往事与愿违。在武则天一厢情愿地展望未来的时候，李家人仿佛看见了贞观时李花遍天下的盛景，而武家人则仿佛看见了并州木材经营商武士彟在奔波中讨生活的情景。这年对武家人来说不是什么好年景，太子之位没了，明堂之誓对未来有多大影响，大家心知肚明。当初章怀太子李贤给《后汉书》做注，想以此来提醒自己的母亲武则天不要走东汉那些临朝称制的太后的旧路，而武则天却在这条道上越走越远，她享受权力带给她的快感，同时也为武家埋下了悲剧的种子。东汉那些临朝称制，权力凌驾在少帝之上的太后们，当新皇掌权后，她们的家族几乎无一例外地被一锅端了。武家人的命运会好过他们吗？

在惶恐和焦虑中，武则天的堂侄恒安王武攸止的府上新添了一桩喜事。他的王妃杨氏生下了一名模样俏丽、雪肤玉肌的小千金。在未来的几十年里，这位小武姑娘将是武家又一个叱咤风云的人物。

年幼的小武姑娘和自己姑祖母武则天一样，最初并不是一个很走运的人，她的父亲武攸止在她出生后没多久便亡故了。于是，按例小小年纪的小武姑娘被带进宫抚养。在武周时代的背景下，年幼的小武姑娘在宫中的生活锦衣玉食，也没有什么不顺心的。和其他武家的小孩一样，他们都是皇室宗亲，有着这样或者那样的尊号。

不过，终究是世易时移，人心向李。神龙元年，以张柬之等人为首的五王政变成功了，李唐王朝复辟。很快，二度登基的李显便携着妻儿重返长安，独独将母亲留在了洛阳。长安再一次成为李唐王朝皇权的心脏，而曾经武周王朝的"神都"又回到它原来的名字——东都洛阳。

现在的皇室宗族是李氏，武氏不过是明日黄花一般的过时之物，一支曾经威风八面的外戚罢了。大权旁落、早就步入暮年的武则天再也托不起沉疴病体，同年在洛阳的上阳宫悄然离世。武周，那轮惊艳的夕阳就这样悄无声息地没入了天际，黄昏已至。接踵而至的"景龙政变"、"唐隆政变"似乎只为揭示一个李氏必兴、武氏必灭的结果。曾经不惜以肉体拉拢韦后集团，妄图重振武家的武三思父子，在太子李重俊兵变时被诛杀；"唐隆政变"后，唐睿宗下命追削武三思父子的爵号及谥号，并将其斩棺暴尸，平其墓，与之有关联的武家其他成员也是杀的杀，贬的贬。武家的人结局和《后汉书》中那些曾经耀武扬威的外戚似乎并没有什么两样。

武氏的故事在武则天入葬乾陵那一刻就已经结束，不可一世的女皇最终还是以唐高宗妻子的身份葬入乾陵。后来的韦后一心效仿自己的婆婆武则天，为了权力，她不惜毒杀自己的丈夫，遗憾的是她仅是东施效颦。再次登上皇后的宝座，不过三年的时间，韦后便迫不及待地给自己加上了"顺天翊圣皇后"的尊号。而后，她又称自己衣箱中裙子上有五色祥云升起，命画工描摹下来，让文武百官传阅。接着，她陆续将当年自己婆婆武则天玩过的把戏原封不动地在李家人面前又秀了一遍。李家人既不痴也不傻，一错又岂能再错？唐隆元年六月二十日夜，李隆基率领羽林军杀进了玄武门。左、右万骑营的士卒也从不同方向攻进太极宫，会师凌烟阁前。太极殿上，守卫唐中宗李显灵柩的南牙卫兵听到鼓噪声之后，也纷纷举起手中的兵刃，与羽林军、万骑营合兵一处。此时此刻，韦后只得狼狈地逃入飞骑营。一个飞骑士兵砍下了她的首级，她的女皇梦就这样破灭了。

但是女人天下的故事并未就此结束，还有音容肖似武则天的太平公主在。回望过去的岁月，作为李家的女儿，武家的儿媳，太平公主是难得的聪明人。在一次又一次的宫廷政变中，她运用自己的谋略，每一次都是最后的胜利者。从景云元年（710年）到先天二年的这段时间，太平公主更是运用自己的机敏积累了更多声望、权力及势力。她期望自己的舞台可以跟母亲媲美。

先天元年，李旦禅位李隆基。由于这次禅位是让位不让权，李隆基虽然做了天子，却是个憋屈天子，太平公主的势力如日中天。与此同时，我们故事的主人翁——年仅十四岁的小武姑娘在看过这些大人物你方唱罢我登场的表演后，也开始摩拳擦掌，伺机寻找登台的机会。眼下小武姑娘正值妙龄，有着良家子的身份以及如花艳丽的容貌，她的姿容丝毫不逊色于当初的武媚娘。只是与后宫其他的良家子相比，她武家的出身要让她尴尬许多。现如今的武家不再是武周时人们巴结艳羡的对象，而是为人避讳遭人白眼的对象。正因如此，小武姑娘比后宫里其他的良家子更为迫切地希望自己可以出人头地。聪明的人没有机会也会创造机会，而且有了机会，他们绝对不会错过。小武姑娘把握住了属于自己的机会，很快便得到了李隆基的垂青。就这样，又一个李家男儿成了武氏女子人生的转折点。而这一次的转折依旧需要武家姑娘漫长的等待，因为从先天到开元头三年，在李隆基心中分量最重的人是王皇后，王皇后不仅是李隆基原配发妻，更重要的是她是"唐隆政变"的参与者，她的兄长王守一不但是"唐隆政变"的功臣，还跟随李隆基策划着一个更大的政变——除去太平公主。这个计划关系到李唐王朝的未来。所以，时下的王皇后在李隆基心中的地位是不可动摇的。而小武姑娘只是一个新人，这个新人还有其他的对手，例如倡伎出身但色艺出众的赵丽妃、雪肤玉容的皇甫德仪、出自名门的柳婕好等等。总之，皇上的身边不会缺少莺莺燕燕，而那些莺莺燕燕也有着各自的风情。

先天二年七月，早已对太平公主忍无可忍的李隆基再一次发动政变，捣灭了太平公主集团。女人天下的梦彻底碎了，重振贞观之风的梦才刚刚开始。开元二年，李隆基命人去洛阳捣毁了高一百〇五尺、直径十二尺，耗费铜五十万余斤、铁三百三十余万斤，象征着武周皇权的"大周万国颂德天枢"。接下来，李隆基将自己曾祖父李世民定为自己学习的榜样，自然"贞观之治"的一切也成了大唐帝国运营的基准。武周女人天下的故事，几乎不可避免地成了负面教材。

李隆基的这些举措，不知道看在等待中的小武姑娘的眼里有何感想，想来同当年感业寺里的武则天相差无几吧。红颜易老，而后宫中的新人总是一波又一波涌现。彼时的小武姑娘没有什么正式的封号，出身又为人所忌讳，她可以指望的人只有李隆基。而李隆基身边则簇拥着太多的丽人，似乎并不差一个类似她这般的人物。等待中的小武姑娘无疑是焦虑的。"看朱成碧思纷纷，憔悴支离为忆君。不信比来常下泪，开箱验取石榴裙。"在同样的焦虑中，武则天用这首《如意娘》挑起了唐高宗李治的情思。小武姑娘自然也不会坐以待毙，何况豆蔻年华的她本身就很惹人垂怜。

随着大唐帝国自上而下的以"贞观之治"为榜样而进行的有声有色的工作部署日益走上正轨，李隆基似乎有了更多的私人时间。渐渐地，他对小武姑娘似乎愈加钟情，小武姑娘因此得到了婕妤的名分。很快，武婕妤便为李隆基生下了夏悼王李一。这孩子天生一副好样貌，可惜出生不久便夭折了。虽然儿子不幸夭折，但武氏却因为李隆基的同情得到了更多爱怜，从开元五年（717年）起，武氏凭借着自己的聪慧及秀美姿容在李隆基的心里渐渐占据了愈来愈重要的位置，与之相随的则是王皇后被冷落、赵丽妃等人爱弛。开元八年（720年）二月，武氏生下第二个儿子，即唐玄宗第十五子怀哀王李敏。李敏同样天生一副俊容，与他秀美模样相伴的依旧是早夭的命运。此外，武氏还为李隆基生过一个美丽的小公主，同样早岁夭折。

接二连三丧子的打击对武氏来说自然是不小的。命运于她而言，就像一层迷雾，让人难以看透。自古就有母以子贵的说法，儿子是后宫中的女人未来所倚重的对象，也是希望所在。这几年里武氏在那几个孩子出生时想来也做过母凭子贵的美梦，但很快她的希望就随着孩子一同早夭了。而在这个过程中，武氏虽然姿容依旧，但是作为一个生过几个孩子的妇人，她早已不似当年那样天真烂漫。她很清楚，如果说十四五岁时年轻和漂亮是她的优势，那么现在她的优势就该是风情万种和善解人意了。实际上，后宫里从来都不缺乏年轻漂亮的女子，而真正聪明的女人却是少之又少，武氏最大的优势其实就是她聪明的脑子。

在经历丧子之痛后，武氏并没有一味地消沉，相反，她很快便找到了自己新的定位。于是，在李隆基面前她并没有因丧子而变成一个哀怨的妇人，她用婉顺的姿态得到了李隆基更多的爱怜。

走出阴霾的小武姑娘又怀上了李隆基的孩子，即唐玄宗第十八子寿王李瑁。这孩子出生后，介于前面的教训，武氏不敢再将其养在宫内，便将孩子托于李隆基的大哥宁王李成器及宁王妃元氏代为抚育。之后，武氏相继生下了盛王李琦、咸宜公主、太华公主，而寿王李瑁差不多成年后才回到亲生父母的身边。

前世今生的宿怨

在幽幽禁宫的深处，有一处荒废已久的别院。废置的别院是一座古怪的建筑，它没有窗户，只有一道很小很狭的门，门上开一个更小的洞口，通过这个洞口，能看见的世界比从井底望天瞧见的世界还要小。殿外除了绿柳和萋萋荒草，别无他物。四面的高墙将别院内部的空间框得极小，在这狭小压抑的空间里，仅有的几件家具摆件上也布满了尘灰，结了蛛网。宫人们经过这座别院时都会刻意绕道而行，这里似乎充满了怨气。而这些怨气来自大明宫曾经的女主人、唐高宗的发妻王氏。王氏是同安长公主的侄孙女，模样生得伶俐，自幼便深受同安长公主的赏识，经其向唐太宗推荐，正当妙龄的王氏被李治聘为晋王妃。后来李治成了太子，她跟着做了太子妃。李治继位后，她自然成了这座宫殿独一无二的女主人。但是当上了皇后，王氏的日子过得并不如意。随着时间推移，她在李治的跟前已经得不到什么宠爱了。为了和李治后宫中的新宠萧淑妃争宠，她从感业寺里引狼入室般找来李治的旧相好武则天。最终武则天取代了她的位置，而这座废弃的别院成了她和萧淑妃共同的归宿。这还不是故事悲剧的结局。一日，李治经过别院，触景生情，忽然同情起了王氏和萧淑妃。在阴暗狭小的房间里，王氏和萧淑妃苦苦哀求："陛下如念往日旧情，使妾等死而复生，重见天日，请把此处改名为'回心院'。"李治伤感之余，满口应道："朕即有处置！"然而，她们没有等来天子的"处置"，却成了大明宫新的冤魂。武则天得知此事后，很快便派来了行刑人。先是杖一百，将这两个可怜的女人打得死去活来，而后又让人剁去她们的手脚，塞进酒瓮中，名为"骨醉"。临死前，萧淑妃用最后一口气，咒骂道："愿下一世阿武为老鼠，吾作猫儿，生生扼其喉以报此仇！"从此以后，宫中的猫儿成了禁忌。相对萧淑妃，王氏的临终遗言显得认命多了，她仅仅无奈地哽咽道："陛下万年，昭仪承恩，死吾分也！"

可是她真的认命了吗？又隔了好几十年，这座废弃的别院被人再一次开启。这次进来的不是曾经的女主人，而是一个神情慌张、身份卑微的宫人。她蹑着脚走到帷帐的东北角，小心翼翼地翻找了起来，生怕自己一个闪失便会触怒这座别院内的怨灵。很快宫人找到了她要找的东西——一串念珠。顿时，宫人的脸被吓得煞白。刚才经过别院时，她所侍奉的小公主硬拉着她说："我的念珠就在殿内宝帐的东北角，你帮我去拿回来吧。"宫人不敢违逆公主，只得进去寻找。本想这次定是无功而返，这荒废的冷宫怎么会有公主说的东西，然而，她真的找到了。

故事中的小公主就是武氏和李隆基所生的第三个女儿太华公主。

这则故事源自唐人戴孚所著的《广异记》。故事中因为前世种种，太华公主自幼就讨厌生母武惠妃。同为武氏女，武则天残害了高宗皇后王氏，而如今，在唐玄宗后宫里日益得宠的武氏，也渐渐窥视起了王皇后的位置。

同色衰爱弛、膝下无子的王皇后比，武氏很清楚自己的优势是什么。年轻的武氏既得宠又有自己的儿子，而且她比现在的皇后要年轻十多岁，凭什么自己不能位正中宫，成为后宫霸主，母仪天下？现如今太子的母亲赵氏本是潞州伎人，出身低微，在重视门第的唐代，别说倡伎出身，即使是武则天，其出身也一样被人奚落"地实寒微"①。武则天的父亲武士彟当初还资助过李渊，也算是李唐王朝的开国功臣了，但在那样的年代里，只要你的出身不是五姓七望的高门望族，都可称"出身低微"，何况倡伎出身的赵氏。赵氏在步入宫闱之前连个良籍都没有，他日即便得宠又能倚重自己的儿子，最多也就混个妃位。而自己呢，出自武氏，虽然曾经的武氏家族不名一文，但是当武则天被立为皇后之后，在新修的《姓氏录》里武氏和李氏一样，被定为天下第一等高门，凭什么自己同样出自高门却要屈居于王皇后之下呢？

俗话说，"不是冤家不聚首，冤家聚首几时休"，李隆基的这位王皇后和他爷爷李治的王皇后一样，都是出自太原王氏。

李隆基九岁便娶了年纪差不多的小王姑娘为他的郡王妃，在李家被阴霾笼罩的日子里，王氏不离不弃地陪在李隆基的身边。她是"唐隆政变"的知情者与参与者，"先天政变"时她又拉着自己的哥哥参与进来。她陪着李隆基一起走过了半个甲子，陪着李隆基经风雨，历险境，最后走上至尊之位，可以说她是李隆基不折不扣的糟糠之妻。有人说"糟糠之妻不下堂"，也有人说"富易妻"。其实，"糟糠之妻不下堂"和"富易妻"这两句话曾在同一个故事里出现。在那则故事里，说"糟糠之妻不下堂"的是汉光武帝的大臣宋弘，而说"富易妻"的则是汉光武帝本人。故事起因是汉光武帝的姐姐湖阳公主相中大臣宋弘，

---

① 语出骆宾王《代李敬业传檄天下文》（即《讨武曌檄》）："伪临朝武氏者，性非和顺，地实寒微。"

光武帝便召来宋弘，对他说："谚语说'贵易交，富易妻'，这是人之常情。"宋弘隐约察觉出了光武帝的意思，便婉言拒绝说："臣只听闻贫贱之交不可忘，糟糠之妻不下堂。"听得宋弘此语，光武帝和他姐姐遂打消了召宋弘当驸马的念头。宋弘的"糟糠之妻"是幸运的，但是真的富贵了不想易妻的人并不多。

早在唐高宗打算易妻的时候，许敬宗就在朝堂上说过："田舍翁多收十斛麦，尚欲易妇，况天子欲立一后，何豫诸人事而妄生异议乎！"糟糠之妻好不好当？不好当！田舍翁今年收成好，多收了十斛麦子就想着换一个老婆，何况天子呢？按照许敬宗的话，天子换个妻子理所应当，没有什么好争议的。然而，庄稼汉多收了十斛麦子，不见得真的能够换掉他的老婆，因为多收的麦子换成钱，未必够筹齐重新娶一个美娇娘所需的彩礼，何况真正的庄稼汉想要休妻，还须得确凿的理由。唐代休妻不是想休就能休的，《唐律》规定，如果妻子没有犯"七出"，即不顺父母、无子、淫、妒、有恶疾、口多言、窃盗，那是绝对不能休妻的。犯了"七出"，但满足"三不出"的，即"有所娶无所归"、"有更三年丧"（替公婆守丧三年）、"前贫贱后富贵"，你还是不能休妻。而天子若是想要换，那真是说换就换。正所谓只见新人笑不见旧人哭，还是那句话，"从来闭在长门者，必是宫中第一人"，而这些"第一人"中，多的是原配之妻。糟糠之妻不易做，皇上的糟糠之妻更不易做！

面对年轻的劲敌，年近四十的王皇后很清楚自己面临着怎样的局面。对镜梳妆时，看见自己日益衰老的容颜，莫名的恐惧渐渐涌上了心头。而回首过往夫妻同甘共苦的岁月，她心中必然感慨万千。王皇后几十年如一日地爱着自己的丈夫，守候着自己的丈夫，而今自己的丈夫待自己却是一日不如一日。遇上这样的事情，换作是谁，内心恐怕都无法平复，王皇后自然也不例外。渐渐地，王皇后也开始控制不住自己的情绪，竟然对李隆基出言不逊。这无疑是非常错误的，这样做非但不能唤起李隆基的念旧之情，反而让李隆基对她越加不满。相对的，懂得讨巧卖乖的武氏就更得宠了。一个是年近四十的老徐娘，她跟着你的时候，你只是一个被幽禁在宫中的小郡王，没什么权势，她陪你走过近三十年的日日夜夜，而在这些日月往复的岁月中，她曾两次陪着你赌上自己的性命，因此，她对你知根知底，你在她的眼里并不是一个被仰望的英雄，而是一个举案齐眉的丈夫，一个寻常人；而另一个年轻漂亮的美娇娘则是从相识的那一刻便开始仰视你，因为她认识你的时候，你已经是富有四海的天子，高高在上。如果你是李隆基，你会选哪一个呢？

也许你会选择王皇后，可惜这不是李隆基的选择。对李隆基而言，武氏更合乎他的心意，因为武氏更懂得投其所好，也明白如何在李隆基面前表现自己。与善解人意的武氏相比，王皇后在李隆基眼里就像是一个不通情理的泼妇。王皇后在不停地提起那些她自以为能唤起李隆基旧日情分的回忆的时候，在李隆基眼里，她已不只是泼妇，还是专揭人伤疤的毒妇。身边有一味仰望他，以他为天，与他吟风弄月的武氏这朵解语花，对王皇后，他只怕早已弃若敝屣。

开元十年时，李隆基终于起了废后的念头，只是被大臣姜皎无意搞砸了，因此李隆基只好暂且作罢。当然，也不排除此时李隆基对王皇后还有一丝恻隐之心。从武周到李唐，近三十年的夫妻情分，岂是一下能剪断的。

姜皎之事过后，李隆基在废后的问题上一直犹豫不决。这不由得让有专房之宠的武氏有些急了。不过，急也是没有用的，心急吃不了热豆腐，她也发现这个墨守成规的皇后并没有她想象中那般简单，似乎自己同她比还嫩了些，毕竟那样漫长的逆境王皇后都熬过了，比起武氏，王皇后拥有更丰富的生存经验。从临淄郡王妃到平王妃、太子妃直至皇后，王氏并不是单凭丈夫的宠爱及自己高门广第的出身得到这些头衔的，皇后的桂冠之所以能戴在她的头上，是因为她也付出了不懈的努力。正因为她陪李隆基度过的那些日子大都是寄人篱下，所以王皇后明白积累人心的重要性，平日她对下面的人施加了不少的恩惠。姜皎事件之后，整整两年的时间里，明眼人都知道王皇后已难得李隆基欢心，皇帝废后之心已决，王皇后被废只是迟早的事，但皇后宫中并没有人因此而背叛她转投其他嫔妃。即使后来王皇后被废为庶人，死于别院，依旧有宫人对她念念不忘。所以，王皇后并非不懂人情世故不会做人，之所以在李隆基面前表现得那么糟糕，恰恰是因为她太在意李隆基了。

就这样，一耗就耗到了开元十二年，王守一为妹妹作法求子捅出了篓子，王皇后以巫蛊之名被废，早已厌烦王皇后的李隆基还毫不留情地在废后诏上痛斥王皇后，完全不顾念往日旧情。遇上薄情郎是一件不幸的事，如果薄情郎是陈世美这样的驸马爷还好，起码还可以去告御状为自己鸣冤，但若皇上本人就是一个薄情郎，那真是连哭的地方都找不到。

王皇后被废，后宫另一头的武氏自然高兴坏了。皇后被废，后位空悬，以现在李隆基对她的宠爱，后位极有可能就是她的了。自己以退为进的方法奏效了。于是，武氏继续以谦虚温婉的姿态示人，对皇后之位假意表示不曾有觊觎之心。多好的小娘子啊，李隆基真是越来越喜欢她了。两年后李隆基总算正式提出了立武氏为后。眼看武氏就要如愿以偿了，但立武氏为后的提议引起了群臣的反对。大家反对的原因很简单：陛下呀，为国为家，武氏女都不宜被立为皇后。武周的例子对李家来说实在是太痛心疾首了。陛下，您不可能忘记自己母亲是怎么死的，不就是被您的祖母、武氏女子所杀么？而且这么多年过去了，连尸首都找不到。子不报父母之仇，非子也。陛下您怎么能娶仇人为妻呢？再者，圣人古训，嫡庶分明，不得以妾为妻，这是规矩啊！陛下作为天下臣民的榜样，妃嫔只是帝王妾，怎么可以被立为皇后呢？

大臣们说得在情在理，最重要的是李隆基虽然很宠爱武氏，但还没到为武氏一人而不顾群臣反对的地步。李隆基最终没有立武氏为皇后，作为弥补，

48

特进武氏为惠妃，礼秩比同皇后。武氏也算是熬出头了。她的生母杨氏被封为郑国夫人，同母弟弟武忠被提升为国子祭酒，武信升为秘书监。

开元中，李隆基以皇后之下设惠妃、丽妃、华妃等三位，以代三夫人，为正一品。后宫自王皇后被废，从未立后。品次第一、礼同皇后的武惠妃自然成了无冕之后。

一切为了后位

"女子虽弱，为母则强"，对皇后之名可望而不可即的武惠妃当然也不例外，随着岁月的迁移，她慢慢地将自己的热情投注到了孩子的身上，而爱屋及乌的李隆基则将武惠妃所生的每个孩子都视若珍宝。就拿公主封户来说，按制一般公主的食封是五百户，出于对武惠妃所生之女的偏爱，李隆基特别将咸宜公主的封户加到了一千户。不久，其他的公主就不乐意了，一样都是庶出的女儿，做父亲的怎么可以这样厚此薄彼呀？后来，为堵住悠悠之口，李隆基不得已，索性将所有女儿的封户都加到了一千户。其他的公主也算借光得到了更多的封户。

开元二十三年七月，武惠妃的大女儿咸宜公主风光出嫁，所嫁对象是武则天母族弘农杨氏的俊小伙儿。这时，一个大胆的想法慢慢在武惠妃的脑海中滋生开来。凭着李隆基格外的宠爱，武惠妃并不满足于当下。自古母以子贵，子又以母贵。在这幽邃的深宫之中，母子关系向来是相依相存的。自己虽然成不了皇后，但这不影响自己的儿子有朝一日能成为大唐的太子。为儿子争太子之位，也是在为自己争明天。现任太子李瑛的母亲赵丽妃早在开元十四年就身故了，她在临死前恩宠已衰，而李隆基对自己的恩宠始终如一。自王皇后被废，自己已然是没有皇后之名的中宫之主。更重要的一点是，李隆基一直都很喜爱自己的儿子寿王李瑁。如果儿子李瑁成了新的储君，那么即使现在李隆基因各种原因不能给自己正式的皇后之名，可等到李隆基百年之后，谁可以阻止新君尊自己的生母为太后呢？这也算是曲线达成目的了。

为自己的儿子谋求太子之位等于是为争自己的皇后之名而努力。武惠妃从来都不是死脑筋的人，经过了上一次因为朝廷上没有人替她说话，以至于与皇后之位失之交臂一事，她吸取教训，认识到了外廷的重要性。而这时，朝堂上也有一位大臣为了自己的仕途可以更"光明"些正想与后宫贵人多些交际。这位大臣不是别人，正是大唐著名的奸相李林甫。很快李林甫找到了门路，托宦官给武惠妃带话，表示自己愿意帮助寿王成为新的储君。武惠妃自然很高兴地接受了这位盟友。而咸宜公主的驸马杨洄则是丈母娘武惠妃另一个得力的帮手。这位杨驸马为了讨丈母娘的欢心，有事没事就盯着太子的一举一动，一有风吹草动就第一时间跑到丈母娘跟前汇报。当然，武惠妃本人也没有闲着，每天非常努力地在李隆基的枕头边梨花带雨地吹着枕边风。

太子李瑛也是个倒霉的人，随着自己母亲赵丽妃失宠逝世，自己也似乎越来越不受父亲待见了。因母妃失宠而吐苦水的人也不止太子一人，鄂王李瑶、光王李琚也与太子同病相怜，因此兄弟三人常聚在一起吐吐苦水，发发小牢骚。丈夫或许会不心疼不在意自己的妻子，可世上哪有儿子不在意不心疼自己的亲妈呢？这本来也不是什么大事，他们所吐的苦水，无外乎就是自己母亲跟武惠妃比起来，她们的境遇是多么不如意，多么不幸。这苦水的矛头，作为儿子是断然不敢指向自己九五至尊的天子父亲的，即使在平常人家中有类似的事，做儿子的也不能把矛头指向父亲，矛头至多指向父亲的新宠。终究父亲做的事情再不对，也是父亲，他对不住妻子，是他的不是，但是儿子若因此对不住父亲，哪怕是有所怨言，那就是不孝，在以孝治天下的封建王朝里，这罪名谁当得起？太子李瑛等人心中虽然憋闷，对父亲确有不满之处，但是除了吐吐苦水，抱怨一下父亲的新宠，其他的事情，他们什么也不敢做，

50

而且他们也不敢真的抱怨自己的天子父亲。

可怜的太子李瑛、鄂王李瑶、光王李琚，这三个人倒霉就倒霉在他们的抱怨之辞被武惠妃女婿杨洄给听了去。这事传到武惠妃耳朵里，那就不是简单的寻常抱怨了。大家都知道，罗织是一门学问，其中对材料的取舍和再加工是很讲究的。太子和两个亲王私下聚在一起，这是个不错的素材，武惠妃要运用好这个素材当然不可能只是在李隆基面前哭诉三人对她的不敬，她在李隆基跟前梨花带雨地哭诉："太子他们是在结党营私，成天聚在一起议论陛下您的不是，还预谋要加害我和寿王。"不得不说，越来越成熟的武惠妃对罗织学研究得相当透彻。儿子数落父亲的不是是不孝，结党营私则是不忠。经过武惠妃的添油加醋，太子李瑛等人平日里吐苦水完全成了他们"不忠不孝"的力证。

李隆基一听武惠妃的话，自然立马就光火了。太子乃是储君，是自己将来的接班人，是大唐帝国的未来啊！现在自己的接班人不满现状，勾结朋党，那么他下一步打算做什么？等到他羽翼丰满的时候，是否会想要取而代之？

李隆基自己是过来人，知道太子结党意味着什么。现在他的脑海里没有父子之情，只剩权力争斗了。武惠妃的话正中李隆基的下怀。也许有人会说李隆基怎么会这样轻信武惠妃，不经调查，就偏听偏信。其实李隆基不傻，武惠妃更不傻，跟了李隆基这么多年，武惠妃也大体摸清了李隆基的脾性。说别人结党，李隆基确实未必会信，也未必会立马光火，但是说太子结党，不管信不信，李隆基一准会光火。为什么呢？归根结底，还是因为李瑛在太子位置上坐了太久。一般人的想法，一个人一旦在某个位置上待太久，必然会心生不甘，有向前一步的意图，何况是离至尊之位如此近的太子。李隆基当年发动数次政变才夺取皇帝之位，其中多少心机多少城府，对自己得之不易的皇位自然十分谨慎，时时警惕身边的人，他怕是早已对太子有了防备之心。如今武惠妃进谗言说太子结党营私不忠不孝，无疑直接点燃了李隆基的猜忌之心。就算不是武惠妃，其他任何稍微有点分量的人跟他说太子有不臣之心，他恐怕也会怒火中烧。光火之后，李隆基会做什么呢？自然是废太子，宁可错杀，也不可放纵。这不就是武惠妃想要的吗？

一时火烧心的李隆基召来宰相商议废立之事。接着，名重一时的贤相张九龄华丽丽地登场了，他上来就义正辞严地道："太子、诸王每天都接受您的教诲。现在天下太平，陛下治国有道，好端端地为什么要一日之内舍弃三个儿子？春秋时期，晋献公听了宠姬骊姬的谗言，逼死了太子申生，结果晋国大乱；汉代时，汉武帝信江充的谗言，害得太子刘据喋血于泉鸠；到了晋朝，晋惠帝本有个贤德的儿子，但是他听了贾南风的话没有立贤德之子为储君，最后晋朝也乱了；到了前朝，隋文帝听了独孤皇后的话，废太子杨勇改立隋炀帝，结果隋朝的天下都没有了。如今的太子没有什么过错，诸王又很贤德，父子关系是天注定的，就算有时候会有些误解或者小错误，做父亲的也应该庇护一下自己的骨肉。望陛下慎重裁定此事！"从张九龄的话中不难看出他支持太子的态度很明确，立场坚定，他认为太子并没有过错，不应当被废。无故因小人谗言而改立太子是相当不明智的，他举例充分论证了自己的观点。最后，张九龄算是成功地在李隆基的心头火上浇了一盆凉水。

李隆基转念一想，认为张九龄所说在理，自己的儿子没有犯过什么大错，光听一人之言就废了太子，确实不妥。正所谓"兼听则明，偏信则暗"，虽然现在的李隆基已经没有上演"贞观之治"模仿秀的劲头了，但是贞观效益还是在的。一时之间，李隆基被张九龄说得无言以对，只能暂且放下废太子的打算。但是这并不代表李隆基完全打消了废太子的念头。李瑛从开元三年被立为太子到如今，已做了二十多年的太子，从声望上说，形成势力的可能性是很大的。张九龄的劝谏实际是把双刃剑，一方面他说动了李隆基，暂时打消了李隆基废太子的想法；另一方面，他极力保太子的言论也让李隆基感到不安。岁月不饶人，不仅仅是后宫美人怕老，其实天子更怕老，李隆基不可避免地年岁渐高，而太子则是初升的太阳。

宰相和太子走得太近，这是李隆基不乐意看见的，由始至终李隆基都不乐意自己的儿子过多涉及政事。从在长安城中建的十王宅被扩建到十四王宅，再到为孙辈们建的百孙院，李隆基压根就没打算让任何一个儿子离开自己的眼皮底下。这是因为李隆基实在太疼爱他的儿子了吗？显然不是这样的。经历了多次宫廷政变的李隆基对"政变"这个词可说是刻骨铭心。二十多年前，自己去潞州时是孑然一人，而回来时则带回了一个政变的班底。"唐隆政变"后，自己因功被立为太子，得以和太平公主斗法，凭的是什么？当然是自己日益壮大的班底。先天二年七月，是什么让自己成为承天门前的胜利者？又是什么让自己的父亲李旦无可奈何地成了名副其实的太上皇？说到底，还是因为自己有雄厚的政治力量。

然而，建立一个属于自己的班底是不是一件很困难的事情呢？这个问题因人而异。对李隆基来说，二十多年前，自己仅是个郡王，尚且能够组建自己庞大的政治班底，现如今儿子们可都是亲王，把他们放到封地去，无疑是养虎为患，他是无论如何也不可能放心的。对太子的问题，李隆基更是慎之又慎。太子的身份仅次于天子，是极有号召力的。从神龙元年到先天二年的皇权争斗中，太子的身影无数次出现在里面。太子是权力的另一个标杆。

正当李隆基犹豫不决的时候，武惠妃又开始耐不住性子了。她干了一件不亚于当年王守一托僧人做法为妹妹求子的傻事。她让身边的一个名叫牛贵儿的奴婢给张九龄带话，说："太子之位有废就必有立，如果张相公能在立嗣这件事上帮我们家寿王一把，他日我担保张相公可以在宰相位置上长久地做下去。"一身正气的张九龄又不是李林甫，当然不会吃这一套，当场就把牛贵儿给斥退了。武惠妃太小看张九龄的道德操守了，张九龄从来都是一个极有原则的人，他怎么可能跟李林甫勾结在一起当一丘之貉呢？叱走了牛贵儿，张九龄的怒气依旧未消。第二天上朝，他就把武惠妃托人带给他的话原原本本地讲给了李隆基听。这下子好了，李隆基的心里五味杂陈，曾经那个温婉谦让的武氏形象顿时减分不少。原来还以为只是儿子的问题，现在又扯到了后宫。太子结党是李隆基忌讳的，后宫与外廷勾结李隆基更为忌讳。郁闷之余，李隆基似乎真的打算放下废太子的事了。虽然这件事后李隆基对武惠妃恩宠似乎并没有什么大的改变，但相信在李隆基心里早就给武惠妃记上了一笔账。

开元二十四年，屡屡逆鳞直谏的张九龄被李隆基罢相，太子的保护伞没有了，朝堂渐渐成了李林甫唱独角戏的地方。

接下来的事就比较有意思了，因为有两个版本。先说比较有戏剧性的《新唐书》版本：话说开元二十五年，我们的包打听驸马杨洄再一次向武惠妃禀告说太子、鄂王、光王图谋不轨，这次还拉上另一个驸马薛锈。武惠妃得到这么好的素材，自然不会放过。某日，她突然心生一巧计，派人跟太子、鄂王、光王说："宫中有贼人要加害陛下，你们都是皇子应该赶紧过来保护你们的父亲。"太子等人心系父亲，不假思索就信了，然后他们果真穿着铠甲带着剑奔向皇宫。接着，武惠妃就跑到李隆基跟前哭诉："太子、鄂王、光王谋反，披甲而来。陛下，您危险呐，让臣妾来保护您吧！"李隆基一愣，立刻派内侍去查看，一看果然太子、鄂王、光王等人皆披甲而来。看来他们真是打算谋反了。李隆基赶忙让禁卫军把太子等人扣押了，又召来宰相李林甫商议废立之事。李林甫说了一句很经典的话，他说："这是陛下的家事，不必问臣等。"这话很耳熟啊，昔日唐高宗打算立武则天为皇后的时候，询问李世绩意见时，他回应的正是这句："帝王家事不必问臣等。"于是李治按照自己的心意立了武则天为皇后。现在轮到李隆基，他也毫不犹豫地就废黜了太子。可怜的太子就这样中了后妈的奸计。

这个故事很有戏剧性，可信度并不高。试想，武惠妃和太子、鄂王、光王本来关系就不好，武惠妃说的话，这三人会相信吗？即便宫中真有反贼，难道宫中就没有禁卫军了吗？还是禁卫军都被奸灭得差不多了？如果真是这样，情况确实很危急，但派人传信这事还轮不到武惠妃去做，除非李隆基也死了，宫中除了武惠妃这个有实无名的伪皇后，确实也没有人比她权力更大。可如果真是这样，太子、鄂王、光王这三人会去搭救这个他们极讨厌的后妈吗？另外，如果太子、鄂王、光王这三个倒霉孩子真的披甲持剑上殿，被李隆基逮个正着，李隆基还需要去问李林甫废太子的问题吗？披甲持剑上殿，本身就是一个性质很恶劣的事情，除非特例，正常情况下都是被禁止的。太子等人强行披甲持剑上殿，若是真的，这明摆着就是他们真的谋反了。上次武惠妃枕边风说太子结党，李隆基都光火地找来宰相商量废立之事，这回都被抓到现行了，李隆基还用得着迟疑废太子的事情吗？《新唐书》的版本显然低估了太子和武惠妃的情商，外加小看了李隆基的脾气。

相比之下，《旧唐书》和《资治通鉴》关于此事的记载可信度就要高得多。时间依旧是开元二十五年，武惠妃和杨洄再一次诬陷太子、鄂王、光王等勾结朋党，有不轨之心。耳朵都快听出老茧来的李隆基确实也烦了，想要一次性干脆地解决掉太子的问题。于是，他召来宰相商议怎样废太子。李林甫说："这是陛下的家事，不用问臣等。"其实，李林甫这话本身谈不上什么奸诈，他就是不想担责任，顺便暗地里帮武惠妃一把。李隆基想了想，既然是我的家事，那就直接废太子、二王为庶人吧，不然他也确实睡不踏实。这不仅因为武惠妃总在他的枕头边上唠叨，更重要的是李隆基确实很忌讳他的儿子们，一直以来，他防儿子就跟防贼似的。太子理所当然被废，二王也跟着被贬为庶民，后又被赐死。

和当初王皇后被废一样，很多人都为太子和二王鸣不平。这三个人真没有做错什么事，最大的错误可能就是他们的抱怨之辞被武惠妃拿去做话柄。或者，他们连抱怨之辞都不应该有，只应该坦然地接受自己以及自己母亲的不幸遭遇。

人算不如天算

上一次王皇后被废，两年以后武惠妃当上了无冕之后，这次太子再被废，武惠妃自然很高兴，她仿佛看见不久的将来自己的儿子李瑁就会被加冕成太子，再过若干年，她梦寐以求的后冠就会戴到她的头上。自己比皇上小了整整十四岁，她也自认为耗得起岁月。做不了皇后，也可以当太后不是吗？在武惠妃最得意的时候，她忘了一句话，叫"人算不如天算"。不是所有的人都能像武则天那样"我命由我不由天"，因为不是每个人都有武则天那么好的心理承受力。

不久后，当夜幕降临，幽幽深宫的回廊里时常传出"冤魂"的呼喊声。这次的"冤魂"发出的声音不是纤柔妇人的哀怨声，而是血气男儿的鸣冤声。太子李瑛、鄂王李瑶、光王李琚化成冤厉又回来了，他们的"鬼魂"穿梭在大明宫错落的殿阁别院间，低声诉说着自己的冤屈。他们多么希望父亲李隆基可以看见他们，还他们一个公道，然而，九五至尊的天子被紫光环绕，他们根本近不了他的身。既然天子不能还给他们公道，那么他们只好自己去讨要了。

从此，武惠妃几乎每晚都可以看见太子李瑛、鄂王李瑶、光王李琚围绕在她身边，诅咒她，或是变成各种可怕的样子来吓唬她。如果说过去的武惠妃在李隆基的耳边常常诉说的是太子、鄂王、光王三人结党营私的事情，那么现在她反复在李隆基的耳边诉说的，是她看见太子、鄂王、光王三人的"冤魂"，这三人做了鬼还要谋害她和她的孩子……

这则故事自然是无稽之谈。或许武惠妃真的见到了太子及二王的"鬼魂"，但那不是真的他们的"鬼魂"回来找她报仇，而是武惠妃作恶太多，间接导致了太子及二王的死亡，她心中害怕，渐生暗鬼。这是典型的心里有鬼，于是就生出了鬼来。

一次又一次的惊吓后，武惠妃无奈地躲到了李隆基的怀里，再一次梨花带雨地哀求道："陛下，陛下，您就救救妾身吧，请个法师来治一下这宫里的鬼怪……"

看着怀中美人惊惧的样子，李隆基又心软了，他请了一位法师来为武惠妃做法。很快法师便替武惠妃出了一个主意，就是将太子、鄂王、光王的遗体和被处决的死刑犯埋在一起，因为传说在刑场被处决的囚犯死后会化为厉鬼，这样就能牵制那三个冤魂。

向来偏心的李隆基又一次为了武惠妃委屈了三个倒霉的儿子。想来此时深受"鬼怪"折磨的武惠妃也会因为李隆基的行为而倍感欣慰吧，起码到了阎罗殿上，她可以自豪地说这辈子她没能在活着的时候当上皇后，但是她得到了皇上的心。看吧，皇上为了她，可以这样薄待自己的亲生儿子。她才是陛下唯一的挚爱。

当然这很可能只是武惠妃一厢情愿自我安慰的想法，从李隆基的种种表现来看，不可否认他是爱武惠妃的，但是他真正爱的是他自己。李隆基之所以会为武惠妃做这些，是因为他的感情生活需要武惠妃这样一朵善解人意的解语花，没了她，自己的生活会变得寂寞，变得索然无味。李隆基所做的事情，很多时候他的最终目的不是为了别人，而是为了他自己。例如废王皇后，归根结底是因为王皇后太了解他的过去，他一个高高在上的皇帝不能总让人揭老底，而武惠妃对他的过去则是完全不了解的，她只一味仰望他，顺服于他，这大大地满足了他的自尊心，所以他毅然决然地舍弃了王皇后。而在他打算改立武惠妃为皇后时，又因为众人的反对，为了保全自己的好名声，毫不犹豫地打消了立武氏为皇后的念头。其实太子的事情也是如此，武惠妃仅是一把杀人的刀，而真正想杀人并手持刀柄的人是李隆基。

武惠妃对于李隆基来说是身边不可缺少的解语花，在他烦闷的时候，这朵解语花会说些他喜欢听的话，哄他开心；在他略有失意的时候，这朵解语花又会说一些激励人心的话。为此，李隆基的三个倒霉儿子不得不将就地和死刑犯葬在了一起。而宫中"冤魂"并没有像法师说的那样消停下去，相反闹得更凶了。渐渐地，武惠妃的神志越来越不清楚，总是反复地和李隆基说着那些"鬼怪"的事情，时日一久，李隆基也开始厌烦，宫人们都在私底下小声议论着：真的有鬼吗？会不会是武惠妃得了失心症啊？或者是中了什么邪气？自始至终能看见太子、鄂王、光王"冤魂"的人就只有武惠妃一个。

终于，在这一年的年底，武惠妃再也经不住"冤魂"的折磨，撒手离世。从此，宫中再没有关于"冤魂"的传说了。

解语花没了，李隆基的心情陷入了低谷。宋人杨万里的诗歌《读武惠妃传》写道："桂折秋风露折兰，千花无朵可天颜。"佳人已逝，李隆基出于惋惜，追赠武惠妃为贞顺皇后，葬于敬陵。当李隆基长子李琮询问是否要为贞顺皇后服母丧的时候，李隆基拒绝了。其实李隆基也明白儿子们并不是真的喜欢这个后妈，上表只是为了讨好自己，又何必真让众子为武惠妃去服母丧，本来武惠妃也就不是他们的亲妈。若因为武惠妃的丧事而让儿子们劳神废事去服三年的母丧，这只会徒增大家对武惠妃的反感。

开元二十六年（738年），武惠妃生前处心积虑为儿子谋求的太子金冠戴在了忠王李亨（杨贵嫔之子，王皇后养子）的头上。皇后虽废，终不立武；

太子虽废，亦不立寿王。即使死后获得了追赠的皇后之名，武惠妃真是个赢家吗？恐怕武惠妃做梦都想不到，在她死后，她的儿媳会取代她成为李隆基身边新的解语花。而她生前寄予全部希望的儿子寿王李瑁最终不仅什么都没有得到，连自己的妻子都被父亲抢走了。更加想不到的是，后来她的孙女唐阳城县主李应玄的墓志铭中，竟未称她为"贞顺皇后"，而直接称她为"玄宗武妃"，不知道是唐肃宗李亨还是唐代宗李豫刻意降了她的等级。一般情况下，后人墓志都会贴金似的写先人死后被封的最好的尊号。

纵观武惠妃的一生，真应了《红楼梦》中的一首《聪明累》：

机关算尽太聪明，反算了卿卿性命！

生前心已碎，死后性空灵。

家富人宁，终有个，家亡人散各奔腾。

枉费了意悬悬半世心，好一似荡悠悠三更梦。

忽喇喇似大厦倾，昏惨惨似灯将尽。

呀！一场欢喜忽悲辛。叹人世，终难定！

莫倚倾国貌——杨贵妃

题记: 莫唱当年长恨歌, 人间亦自有银河。石壕村里夫妻别, 泪比长生殿上多。

　　"北方有佳人, 绝世而独立。一顾倾人城, 再顾倾人国。"因为汉代李延年的艺术加工, "倾城倾国"成了人们形容绝色美女的赞美之词。宋代的袁文更是在《瓮牖闲评》中说: "所倾城倾国者, 盖一城一国之人皆倾心而爱悦之。"可事实上, "倾城倾国"还有另一个解释——倾覆邦国, 如《诗经·大雅·瞻卬》: "哲夫成城, 哲妇倾城。"

　　一个有倾城倾国之貌, 又有倾城倾国之事的佳人, 往往会引起人们无限遐想。杨贵妃正是这样一位备受文人墨客青睐的话题佳人, 她短短三十八年的人生牵绊的却是大唐王朝的盛衰。至于她是红颜祸水, 还是无辜的政治牺牲品, 这样的争议似乎从来都没有停止过。

　　莫倚倾国貌, 让我们从头去品读一下杨贵妃的人生吧。

杨家有女初长成

　　开元七年, 蜀州司户杨玄琰的家中新添了一名可爱的女婴, 此女婴即后来大名鼎鼎的杨贵妃。虽然在后世不少文艺作品中, 人们总喜欢把李隆基和杨贵妃设定成前世注定的情侣, 譬如, 在洪昇的《长生殿》里, 李隆基前世是仙界的孔升真人, 而杨贵妃的前世则是蓬莱仙子, 两人因过贬至凡间, 再度相会时颇有几分《红楼梦》中神瑛侍者贾宝玉和绛珠草林黛玉相遇的意味。但时下杨家人是无论如何都想不到眼前这个可爱的女婴长大后会成为当今天子最宠爱的贵妃，给杨家带来无上的荣耀。当然，开元七年三十五岁的李隆基和杨家人一样，做梦都不会想到自己日后会为一段爱情而背负"乱伦"的恶名，更想不到他会因此将大唐社稷推向分崩离析的深渊。虽然此时李隆基已人到中年，但是他的事业还没有达到顶峰，他还在效仿"贞观之治"的道路上前行。而在平常人家出生的贵妃，同样也不会想到有朝一日自己会成为天下最有权势的女人，也不会想到自己会前后嫁给一对父子。

与大多数有姓无名的古代女性相比，杨贵妃的名字却流传了下来。关于杨贵妃的名字，《旧唐书》、《新唐书》与《资治通鉴》都未明确记载，到唐大中九年（855年）郑处海编撰的《明皇杂录》里才第一次提及，称："杨贵妃小字玉环。"与郑处海同时代的郑嵎在《津阳门诗注》里说杨贵妃小字"玉奴"。其实无论玉奴、玉环，抑或是另外有人称的玉娘，其奴、环、娘不过是个后缀，意思相差无几，所以，按照习惯，我们还是唤其为"玉环"吧。

杨玉环作为话题人物，她似乎生来就有些谜团是让人解不开的，比如她的籍贯。关于杨玉环的籍贯有很多种说法，主要有华阴县说、永乐县说、容州说、蜀州说、闷乡县说等。蜀州说是因为杨玉环的父亲杨玄琰曾任蜀地小官，蜀州可能是杨玉环的出生地，但说是其籍贯则不可信。华阴县说是因为其祖上是隋朝名臣杨汪，按《隋书·杨汪传》记载，杨汪本是弘农华阴人，在其曾祖父杨顺的时候就举家徙居河东了。永乐县说是出自《新唐书·杨贵妃传》："徙籍蒲州，遂为永乐人。"其实这和《隋书》的记载不矛盾，因为蒲州在隋代属河东郡，永乐本就是蒲州下属的一个县，故而，杨玉环出身论门第出自弘农杨氏，但非要说她是蒲州永乐人也未尝不可。容州说，其根据是《全唐文·容州普宁县杨妃碑记》，碑文不长，载："杨妃，容州杨冲人也。离城一十里。小名玉娘，父维，母叶氏。"根据《旧唐书》、《杨太真外传》等的记载，杨贵妃父为杨玄琰，并不是此处说的"维"，所以此记载不可信，且《容州普宁县杨妃碑记》经考证是后世伪作，就更不值得采信了。阌乡县说是因为杨玉环父亲、祖父、高祖父及六世祖等均记载是虢州阌乡人，如果杨玉环父亲确实是杨玄琰，那么这是有关杨玉环身世最为准确的记载。

无论杨玉环籍贯何处，她的童年是在蜀地度过的理应无疑。

在蜀地的童年，玉环是如何度过的呢？宋人乐史著《杨太真外传》里有一则故事，说玉环小时候很调皮，曾因贪玩不小心坠入一个大水池里，后来人们就叫这个池子为"落妃池"。显然这个故事仅是民间附会。

与之相比，还有一个更不靠谱的传说。唐人吕道生所著《定命录》里有一则关于杨贵妃的故事，大致是这样的：

在蜀地时，有个姓张的隐士遇见了幼年的玉环，隐士对她的家人说："你家女儿真漂亮，面相也好极了，日后必当大富大贵！"杨家人既惊喜又好奇地问："承先生吉言，小女将来是否能做到三品夫人？"看得出杨家人问得还是比较保守。张隐士回答道："不止。"杨家人大胆了些，接着问："那么是一品夫人？"张隐士继续摇了摇头："不是。"这时，杨家人呆住了，略有些底气不足且很慌张地问道："难道会是皇后？"张隐士淡定地回答道："也不是，不过此女人生最为风光的时候，同皇后也差不多。"接着，张隐士顺便还给杨国忠相了一下面，说："你的样貌也非常不错，他日必然能掌握几年朝中大权！"

我们姑且相信真有其事吧。只是张隐士和历史中大部分的相面先生一样，都只相出了人物最为风光的时候，却没有相出人物的结局。《史记》载，吕后的父亲就是擅长相面的人，他相出当泗水亭长的刘邦有天子之相，便把自己的女儿嫁给了他。吕家确实因此在日后成了汉家天子的贵戚，显赫一时。盛极必衰，天下没有永恒的富贵。吕家因为出了不可一世的吕后而达到权力的顶峰，可当吕后一死，吕家立马便被刘氏夷了族。宋代诗人徐钧在诗中讽刺云："父识英雄婿沛公，家因骄横血兵锋。始知善相元非善，不是兴宗是覆宗。"和吕后的父亲一样，张隐士相出了杨玉环和杨国忠人生最为风光的时候，但是没有相出他们最终都死于非命。诸如此类的故事在历朝历代都存在，它们绝大部分都是后人附会的，杨贵妃的故事自然也不例外。

撇开笔记杂说，根据新旧唐书记载，杨玄琰夫妇在杨玉环幼年时就亡故了，彼时的杨玉环只十岁左右。可以说早失父母的玉环是不幸的，但不幸中万幸的是，她的叔父杨玄璬收养了她。杨玄璬在洛阳河南府任士曹参军，于是，年幼的杨玉环便跟收养她的叔父去了洛阳。洛阳是大唐的东都，它的繁华程度毫不逊色于长安。生活在洛阳，小玉环所能见到的世面肯定比在蜀地时见到的大很多。更重要的是，杨玄璬当时还没有女儿，他对小玉环可以说是视如亲生，也倾注了不少心血。

洛阳的牡丹自古闻名，笄礼之后的玉环宛如一朵奇艳的牡丹，她的命运也将随之改变。毕竟"唯有牡丹真国色，花开时节动京城"。

开元二十二年（734年）正月，李隆基带着浩荡的队伍，跋涉十多天终于抵达东都洛阳。冥冥之中，兴许真有一种力量在推波助澜吧。这次是李隆基人生中最后一次东都之行，总共待了两年多。次年，李隆基大赦天下，又在城里酺宴三日。《资治通鉴》记载，当时场面热闹非凡，李隆基登临五凤楼设宴，楼下观客人山人海，喧闹之声甚至让宴乐无法正常演奏，金吾卫齐齐出动，结果却无济于事，群众实在太多、太热情了。最后李隆基听从高力士的谏言，召来了为政严苛的河南县丞严安之，让他维持现场秩序。为了维护现场的秩序，严安之到现场后立马就用手上的笏板在地上画了道线，说："敢犯此禁令，过此线者问死罪！"果然严安之是撒手锏，三日之内无人犯戒。大酺的三日，洛阳儿女可谓是倾城出动。玉环是否在人群中我们不得而知，但她不可能不知道这场盛会，更不会错过这次盛会。

开元二十三年，咸宜公主风光出嫁后，芳龄十七岁的杨玉环十分幸运地被武惠妃选中，在这年的十二月二十四日成了寿王李瑁的新娘。婚礼当日，李隆基还特地遣宰相李林甫和陈希烈作为正、副使到杨家持节册封。当迎亲的队伍簇拥着新郎李瑁来到玉环家门前，那晚杨家的灯火一定格外辉煌。移开遮面的团扇，玉环美丽的脸上也应该洋溢着幸福的微笑吧，毕竟她的新郎是与之年龄相仿的美少年，而且还是很得圣宠的皇子。

到此，杨玉环真正走上了她辉煌的人生道路。而她缘何如此走运？首先是其弘农杨氏的出身。弘农杨氏不仅是五姓七望的高门，更是武则天的母族，从武则天时代开始，李、武、杨三家就一直都有延续的姻亲关系，武惠妃自然顺理成章地对弘农杨氏格外关照，女儿的驸马和儿子的王妃都在弘农杨氏后人中挑选，这不足为奇。然而，在诸多名门闺秀中，出自弘农杨氏的不独杨玉环一人，能在选秀中脱颖而出，这当然离不开杨玉环的天生丽质。《册寿王杨妃文》中用"含章秀出"来形容玉环的美，其大致意思就是内含美质，外容秀丽。一个人内外皆美又出身名门，杨玉环的幸运似乎是一种必然。

开元二十四年，李隆基又返回长安，玉环跟着寿王李瑁也回到了长安的十王宅。长安的繁华可能对玉环来说有些陌生，不过她人生最华丽的篇章即将在这里揭开。

一朝选在君王侧

开元二十五年对李隆基来说是很伤心的一年，有两件让李隆基痛心的事情在这一年发生。

第一件事情发生在四月时，武惠妃和她的女婿杨洄联合诬陷太子李瑛、鄂王李瑶、光王李琚等人图谋不轨，李隆基出于对太子等人长期累加的不信任，将三人废为庶人，而后又下诏赐死。这中间李隆基有何感想没人知道，但是从《旧唐书·李瑛传》"俄赐死于城东驿"来看，李隆基对儿子的最终处理，还是有个短暂的思想斗争。在这个过程中，武惠妃有没有挑弄什么，我们不得而知。不过，从"三庶人"死后武惠妃良心不安的表现来看，"三庶人"被赐死的过程中她也不可能一句挑弄的话都没有说。

喪子对一般人来说绝对是一件痛心疾首的事情，对李隆基来说也不例外。只不过李隆基心痛的重点不是儿子的死，而是儿子竟然会打算背叛他们至高无上的天子父亲。一日杀三子，可谓是前无古人后无来者。仔细回顾一下，不难发现在武惠妃恶意向李隆基诬蔑太子等人前，李隆基对太子等人并没什么特别的成见，尤其是太子李瑛，他二十多年的太子生涯基本可以说是中规中矩的。按《资治通鉴》记载，开元二十二年李隆基率领诸子在宫苑里收割小麦，借此机会教导太子说："这些麦子是要用来祭祀宗庙的，所以就连朕都不敢不亲力亲为啊。同时朕也希望让你知道种庄稼的辛劳，毕竟你是朕未来的接班人。"开元二十二年李瑛还是李隆基倾心培养的接班人，可到了开元二十五年，因为武惠妃等人的挑拨，作为接班人的亲儿子已然变成了陌路人。唐代诗人汪遵曾写了一首《望思台》，原是讽刺汉武帝因为轻信江充而使太子刘据蒙冤而死，其中有两句诗用在这时的李隆基身上也很合适——不忧家国任奸臣，骨肉翻为莽路人。开元二十五年的李隆基已经老了，他害怕被自己的儿子取而代之，所以他情愿把自己的骨肉当成陌路人，任用李林甫这样的奸臣，他也不愿意留给李瑛这个废太子一条生路。

开元二十五年岁末，武惠妃因为太子等人的死忧怖成疾也死了，她的死对李隆基来说是第二件痛心疾首的事。本来李隆基在开元后期就开始渐渐倦怠于政事，现在又失去了感情伴侣，生活一下子空了。宋人杨万里在诗中用"千花无朵可天颜"来形容李隆基失去武惠妃后百无聊赖的生活，而五代的王仁裕在《开元天宝遗事》里则用了两个艳丽的游戏来表现李隆基失去武惠妃后生活是多么孤寂。第一个游戏叫"随蝶所幸",就是让后宫的妃嫔们把奇艳芳香的花朵戴在自己的发髻上,然后李隆基放出一只蝴蝶,蝴蝶停在谁头上,当晚就临幸谁。"随蝶所幸"是一个对季节性要求很强的游戏,过春天百花凋零,这个游戏自然也就玩不成了。于是,另一个叫"投钱赌寝"的游戏诞生了。这游戏就更有意思了,因为这个游戏最大的奖品就是李隆基本人,哪个妃嫔赌赢了,晚上李隆基就去她那儿度春宵。武惠妃死后,没有了解语花,李隆基的业余生活也确实无聊,他愣把自己当成了奖品。

《开元天宝遗事》里类似的风流韵事还有不少,看看即可,不必当真。不过,武惠妃的死对李隆基的打击肯定是不小的。但是打击最大的人不是李隆基,而是寿王李瑁。因为李隆基失去的仅是感情伴侣,李瑁失去的是可以依托的母亲。随着武惠妃的故去,李瑁也面临着一个可能要失宠的局面。尽管李瑁本人对政治并不怎么热衷,但是当开元二十六年,母亲生前极力为自己谋求的太子金冠戴在了三哥李亨的头上,这时他心中恐怕难免也会有一丝落寞吧。因为这意味着接下来他的人生将与其他皇子无异,失去了母亲的庇护,他将不再是李隆基眼中最闪耀的明星。

唯一值得庆幸的是,此时此刻李瑁的后苑里栽了一株奇艳瑰丽的解语花——杨玉环。关于解语花的典故,同样出自《开元天宝遗事》:"皇秋八月,太液池有千叶白莲,数枝盛开。帝与贵戚宴赏焉,左右皆叹羡。久之,帝指贵妃,示于左右曰:'争如我解语花。'"此处,李隆基将杨玉环赞作一朵奇艳瑰丽的解语花,这个比喻用在她身上恰如其分。首先,天生丽质的杨玉环本就有着羞花之貌;其次,杨玉环不仅长得漂亮,还是个能歌善舞、通晓音律的才女;最后,最重要的是杨玉环本人既聪慧又善解人意。所以,有上述几个优点的玉环足以抚平李瑁那颗悲伤落寞的心。

开元二十八年(740年)十月,李瑁唯一的慰藉也成了他的不幸。有时候自己珍藏的至宝是不该拿来示人的。晋代的石崇将自己的宠姬绿珠示于孙秀，孙秀因此被绿珠的美貌迷住，明目张胆地向石崇索要绿珠，被石崇拒绝，石崇因此惹来杀身之祸，绿珠也坠楼而亡。由此可以看出，越是至宝也许就越不该展示出来，因为世间的至宝总是被人趋之若鹜的对象。

不过，李瑁似乎并没有什么选择的余地。因为李隆基每次去华清宫时，皇子皇孙以及命妇们几乎都会跟过去。寿王没有理由不跟随自己的父皇，寿王妃更没有什么理由不随同自己的丈夫。在温泉水汽氤氲的烘托下，玉环的身影似乎比往日更娇俏。寻着脂香觅去，李隆基重新注意到了杨玉环，眼前的杨玉环比初见之时又娇媚了不少，多了些女人味。一旁的李瑁虽然满脸尴尬，但他只能无奈地选择退避。

关于玉环是如何来到李隆基身边的，新旧唐书和《资治通鉴》在这个问题的回答上几乎是一样的，不是"或奏玄琰女姿色冠代，宜蒙召见"，就是"或言妃姿质天挺，宜充掖廷，遂召内禁中"。绝代佳人杨玉环是被哪一位大臣推荐给李隆基的，正史并没有答案，而《长恨歌传》则认为这位某大臣不是别人，就是李隆基的忠仆高力士，杨玉环是被奉诏在宫外"择秀"的高力士千挑万选出来推荐给李隆基的。

笔者认为上述的说法皆是史家"为尊者讳"的笔法，不值得采信。原因之一，杨玉环本就是李隆基的儿媳，两人早已碰过面，其人样貌如何，根本不用旁人介绍。其二，有哪个大臣会在皇上没有任何示意的情况下，放着未出阁的大家闺秀不推荐，主动地向皇上推荐一个有夫之妇，而且这个有夫之妇既不是平民之妻，也不是哪个大臣的妻子，恰恰是皇上自己的儿媳妇，这样做不是存心毁皇上的清誉吗？就算是高力士，他也不可能在李隆基没有任何暗示的情况下自作主张地向李隆基推荐杨玉环，因为这么做实在太冒险了，万一错估了圣意，后果将会很严重。所以这事只能是李隆基自己一手操办的。

当然，在皇上已经明示了自己想法的情况下，自然下面会有臣子去附和圣意。至于到底谁是给李隆基和杨贵妃"牵红线"的人，其实根本不重要，因为他只是一个附和者。

骊山归来后，玉环又暂时回到了寿王府。然而，她的姿容风仪却已经深深地印入了李隆基的心房，正所谓"求之不得，寤寐思服"，怎奈心仪的佳人却是自己的儿媳。如何解相思之苦，将佳人从儿子身边转到自己这里来呢？眼下正好有一个事情可以替李隆基解决这个问题。长寿二年正月二日，李隆基生母窦氏被武则天秘密杀害，唐睿宗第二次登基后，追封窦氏为昭成皇后，李隆基继位后，加尊追封窦氏为太后，与唐睿宗合葬于桥陵，并将其神位迁于太庙。所以，每年正月二日，窦太后的忌日也就成了举国悼念的日子，开元二十九年（741 年）正月二日自然也不例外。在例行的悼念仪式完毕之后，李隆基当即便以为太后追福为名，下了一道"度寿王妃为女道士敕"的旨意："圣人用心，方悟真宰，妇女勤道，自昔罕闻。寿王瑁妃杨氏，素以端懿，作嫔藩国，虽居荣贵，每在精修。属太后忌辰，永怀追福，以兹求度，雅志难违。用敦宏道之风，特遂由衷之请，宜度为女道士。"借为已故几十年的母亲追悼祈福的名义度寿王妃杨玉环为女道士，并赐其道号"太真"，李隆基为了得到这株新的解语花也算是煞费苦心。

杨玉环因李隆基的一道诏令，出家做了女道士，住进太真宫，一去五年。

就这样，杨玉环顺利地从寿王的身边来到了君王侧。从此，杨玉环又多了一个别号——"杨太真"，宫中的人除了称她为太真妃外，大部分情况下都亲昵地称她为"娘子"，不知道当时杨玉环是乐意还是不乐意。君命难违，身不由己的因素怕是少不了的。毕竟李隆基是天子，他决定的事情，谁敢不从？如若直接忤逆君上，那即便是天子眼前的红人，怕也有性命之忧。不过，为人在世，并非人人都将性命放在第一位，正所谓"粉身碎骨浑不怕，要留清白在人间"，自古忠言直谏逆龙鳞全然不顾自己性命的大臣不少，相应的忠贞烈女也有很多。远的不说，就说李隆基刚继位的时候，他曾经打算将柳齐物的侍妾娇陈纳入后宫，娇陈不愿意，直接婉言拒绝。李隆基也尊重了娇陈的选择，并没有将她强行纳入后宫。虽然天宝时期的李隆基远不及青年时代的李隆基，但他终究是一位天子，也是一个父亲，若杨玉环这个儿媳当真不乐意进宫侍君，估计李隆基也不会强行将她纳入后宫。毕竟强纳儿媳入宫，这事情真的闹开了，最丢人的是李隆基。有些事情是一个巴掌拍不响，杨玉环本人当时未必多么不能接受进宫侍君这件事。杨玉环当时的身份和地位远比娇陈高，娇陈都可以在面君时表明自己不愿意入宫侍君的决心，何况杨玉环呢？

也许，在得知李隆基的心意后，杨玉环也动摇了，毕竟李隆基是至高无上的天子，天子的女人，试问有几人会不动摇呢？虽然寿王李瑁是一个样貌俊丽的贵公子，但李隆基可以给予杨玉环的东西是寿王李瑁一辈子都给不了的。相比年轻的寿王李瑁，李隆基的优势不仅仅因为他是天子，还因为他是一个英雄天子。李隆基诛韦后以安社稷，诛太平公主以正其位，之后他励精图治将"贞观之治"的盛况重新带回大唐。而且这位英雄天子除了治国有道，还多才多艺。他对书法、诗歌、音律等无一不通，样样都是声名在外。出生在开元时代，在李隆基治下长大的人怕是没有一个不崇拜李隆基的，杨玉环自然也不例外。

自古美人爱英雄，佳人配才子，李隆基既是英雄，又是才子，他除了年纪输给了自己的儿子李瑁，其余的都远胜李瑁。久而久之，杨玉环会爱上李隆基这样的才子皇帝、英雄天子也算是人之常情。不过，作为儿媳的杨玉环，先嫁儿子，在自己婆婆死后，又与自己的公公走到一起，这样的事情无论当事人之间存不存在爱情，他们干的都是乱伦的丑事。嫁得了英雄天子，却乱了人伦，无论如何，这样的事情都是匪夷所思的。

云想衣裳花想容

其一

云想衣裳花想容，春风拂槛露华浓。

若非群玉山头见，会向瑶台月下逢。

其二

一枝红艳露凝香，云雨巫山枉断肠。

借问汉宫谁得似？可怜飞燕倚新妆。

其三

名花倾国两相欢，长得君王带笑看。

解释春风无限恨，沉香亭北倚阑干。

这三首词皆源自李白《清平调》，在唐人笔记《松窗杂录》里，李濬给这三首词加了一个背景小故事：正逢牡丹盛开的大好时节，李隆基和杨玉环在兴庆宫龙池以东的沉香亭前赏花。正当大唐最负盛名的歌者李龟年手持檀板，押众乐前，欲放声高歌之时，李隆基道："赏名花，对佳人，焉能用旧乐词赋歌。"于是，为了增加情调气氛，李隆基让李龟年带着金花笺到李白那里去，让咱们的大才子填一曲新词。李白倒也爽快，欣然接受。大才子就是大才子，酒醉未醒就挥毫写下了《清平调》。拿到新词的李龟年立马就到李隆基那里复命，李隆基便命梨园子弟重新调抚丝竹以新曲伴奏，让李龟年唱这首新词。这时，园中牡丹齐放，扑鼻的花香伴着那袅袅的歌乐，沉香亭内外一派祥和。杨玉环高兴地端起了用琉璃制成的七宝杯，斟上了满满一杯西域出产的葡萄美酒，自饮了起来，李隆基也忍不住跟着吹起玉笛。由此，李隆基对李白这位大诗人格外优待。但是李隆基身边的近臣高力士对李白一直怀恨在心，因为李白曾借故让高力士为他脱靴。高力士觉得这件事让他颜面尽失。所以高力士找了一个机会故意挑拨杨玉环，使其怨恨李白，他说："要我说，李白他是别有用心，他对您的怨念很重呀！'借问汉宫谁得似？可怜飞燕倚新妆。'以飞燕指妃子，事实上他是在故意贬低您啊！"听完高力士的离间之辞，纵然杨玉环脾气再好，也免不得要动怒。于是，杨玉环千方百计地阻挠李隆基给李白加官。就这样，郁郁不得志的谪仙李白愤然离京了。

宋代乐史撰写的《杨太真外传》也收录了这则故事。《松窗杂录》也好，《杨太真外传》也好，两书都把这则故事的时间定在"开元中"，显然这是不现实的。我们的大才子李白一生共入过两次长安，第一次入长安的时间最早的说法是在开元二十六年夏至二十八年春之间，之后郭沫若撰文认为是开元十八年（730年），再往后又有开元二十一年（733年）、开元二十年之说。虽然李白第一次入长安的时间存在的争议比较大，但是不管是开元十八年还是开元二十八年，那会儿杨玉环肯定没有正式到李隆基的身边。换句话说，这几首词只能写在天宝年间。这点和李白第二次入长安的时间在天宝元年是符合的。而且李白待的时间也不长，天宝元年来到长安，天宝三年（744年）就被李隆基赐金放还了。

新旧唐书也都言之凿凿地记载了力士脱靴等事，但是仔细想想这事情也不太可能。高力士从"唐隆政变"开始一直都是李隆基的心腹。期间好几十年里，李隆基废了自己的发妻，又罢免了不少曾经帮着他夺取天下的功臣故交，旧人能整的都整得差不多了，唯有高公公一直混得不错。太子李亨都不敢怠慢，直管人家叫"二兄"；其他的诸王公主身份比不得太子的，只好叫高公公"阿翁"了；至于驸马们，身份又低了，所以他们管高公公的称呼又往上提了，只好叫"爷"。就连李隆基自己心情好时都呼高力士为高将军。高力士那可是李隆基身边的大红人，朝里朝外不少人巴结的对象，难以想象一个翰林待诏能借醉让他为之脱靴，何况这事李隆基未必会批，而且就算批了，高力士也不见得就一定会亲自做，高公公示意一下，下面有的是小宦官会替他干。当然，也不排除李白借酒撒疯，高力士为讨李隆基欢心故意为之。

另外，词中所云"云雨巫山枉断肠"、"可怜飞燕倚新妆"也未见得就像后世的一些词注家说的那样是在暗讽杨玉环，恃才傲物的李白情商也不至于这么低，明知这几首词是李隆基和杨玉环要的，一写完立刻要呈上去给他们过目，还故意写些讽刺李杨的话，这无疑是找死。就算喝醉了，也不至于蠢到这种程度。把杨玉环比作赵飞燕事小，但是把李隆基比作汉成帝，这不等于在骂当今的天子是昏君吗？李白真要是这样做了，估计他在天宝三载也没有被李隆基赐金放还的待遇。天宝时，李隆基的闺女建平公主因为和杨玉环的娘家发生了一些矛盾，李隆基居然把以前赐给女儿的物品都追要了回去。这还是得罪杨玉环娘家人的下场，对方还是李隆基的亲生女儿，尚且被李隆基如此对待，若李白当真刻意写暗讽杨贵妃的词，还呈给了李隆基的话，那么李隆基对他的处理应该不会好过建平公主。虽然李白被人称为谪仙，但大唐的李谪仙不独李白一人，我们的大唐天子李隆基亦是一位"谪仙"，所以李隆基断不会因为李白的才气就允许他对自己不敬。天子爱才，前提是可以为己所用，而为天子所用之人必然要对天子心存敬畏。

《清平调》三首与其说是蓄含深意的讽刺词，不如把它们看得单纯些。从首句的"云想衣裳花想容"到"沉香亭北倚阑干"，李白用他绮丽的诗笔勾勒出了一朵倾国倾城的美人花。而"飞燕倚新妆"则以赵飞燕宠冠后宫的典故，揭示杨玉环的特殊地位，如此得宠的杨玉环不可能长久地停留在一个没有任何名分的女道士位置上。

天宝四载（745年），长安城里又传唱起了《得宝歌》。

得宝弘农野，弘农得宝耶！……三郎当殿坐，看唱《得宝歌》……

年过六十的李隆基在弘农野得到了自己的珍宝，那珍宝就是杨玉环。很快杨玉环就迎来了自己又一个新身份。

天宝四载八月初六，李隆基生日的第二天，他便正式宣布册封杨玉环为贵妃。为了把这件事情尽量办得不落人话柄，李隆基不仅在册封杨氏为贵妃之时刻意隐去杨玉环的养父，还特地在前一个月给寿王李瑁安排了一位新的寿王妃。这位姑娘来自去天尺五的京兆韦氏，也是出身高门的丽人，她和寿王也还算匹配吧。

看女却为门上楣

生男勿喜，生女勿忧，最早说的是汉武帝的第二任皇后卫子夫。而白居易在《长恨歌》中以汉喻唐，将这则典故化用在了杨玉环的身上，陈鸿则更爽快地在《长恨歌传》里说："故当时谣谚有云：'生女勿悲酸，生男勿喜欢。'又曰：'男不封侯女作妃，看女却为门上楣。'"可见没有当上皇后的杨玉环，她身上的光环丝毫不亚于皇后。

正所谓一人得道鸡犬升天，自从杨玉环做上了贵妃后，李隆基便按着亲属的远近关系逐个给杨玉环的娘家人推恩。首先享受到此待遇的自然是杨玉环的父母。天宝四载八月，李隆基追赠杨玉环的父亲杨玄琰为太尉加齐国公，追封杨玉环的母亲为凉国夫人。

接下来被推恩的就是杨玉环的兄弟姐妹了。

杨玉环的亲哥哥杨铦最初被李隆基任命为从四品上的殿中少监，后来又提升为从三品上的鸿胪卿，再授三品、上柱国，而且还被特许享有"私第立戟"的待遇。

杨玉环叔父杨玄珪的儿子杨锜，算起来是杨玉环的从兄，关系远了些，所以他的起步也要低些，初为从六品下的侍御史。但是他在杨玉环被册封为贵妃之后，立马就娶了武惠妃的女儿太华公主，于是，他理所当然地做上了从五品下的驸马都尉。

杨玉环的另一个堂弟杨鉴也娶了公主。

杨家的男儿封赏完了，杨家女儿的封赏自然也不能少，尤其是杨玉环那三个才貌双全的亲姐姐。杨玉环的三个姐姐早年分别嫁给了裴家、崔家、柳家。自打妹妹当上了贵妃，这三个姐姐也开始跟着走大运了。天宝七载（748年）十一月，李隆基正式宣布将崔氏封为韩国夫人、裴氏封为虢国夫人、柳氏封为秦国夫人。从此，她们可以任意出入宫闱，依仗着贵妃恩宠，她们的气焰足以震动天下。用杜甫的诗句来说，此刻的杨家是"炙手可热势绝伦"，就连李隆基亲妹妹玉真公主也不得不对杨家敬让三分。李隆基本人也因为宠爱杨贵妃的关系，亲热地管贵妃这三个姐姐叫"姨"。

三位皇姨生财有道，她们利用闲暇时间给李隆基那些皇子皇孙、公主县主什么的拉红线牵红绳，促成了不少对佳偶或怨偶。当然，红娘不是白做的，一次佣金不得少于一千万缗钱，低于这个价，三位皇姨绝对不会稀罕，因为李隆基每年给他这三个敬爱的皇姨光是脂粉费就有百万钱。

赚了钱还要会花，不然光赚钱也没有什么意思。俗话说得好，人生最大的悲剧不是人死了，而是人死了，钱还在。所以，三位皇姨还是会适时地花一些大钱。而能让这三位几乎不花钱的皇姨花大钱的人，自然也不是一般人，他就是我们至高无上的大唐天子李隆基。

正所谓"开元天子万事足，唯惜当时光阴促"，天宝年间的李隆基什么都有，唯独光阴不多。李隆基作为一个文艺老青年，在四海承平时，他偶尔也会因为来了兴致客串一下乐师。一次，李隆基自我陶醉地打完羯鼓，很突然地跟三位比自己年纪小的皇姨开起了玩笑，说："乐部阿满今日很荣幸可以为夫人们演奏，请赐一缠头。"

这里得说一下，李隆基绝对不是唯一在业余时间客串伶人的皇帝。五代的时候，后唐庄宗李存勖也干过类似的事情。和李隆基不同的是，李存勖喜欢在业余时间演戏，而且他还给自己取了一个艺名，叫李天下，不得不说，李存勖的艺名要比李隆基的艺名霸气很多。但李存勖身边一个叫敬新磨的人对他的这种荒诞行为实在看不下去了，于是，借着与天子同台的机会，敬新磨故意用手打了一下李存勖的脸。李存勖立马变了脸，左右的人抓起敬新磨责问："你怎么能打皇上的脸？"敬新磨回答说："李天下，理天下的只能有一人，那便是天子！您在叫谁呢？"敬新磨即兴发挥的一巴掌算是打醒了李存勖，但却扫了天子的雅兴。相比之下，李隆基敬爱的秦国夫人柳氏真的算是相当解风情。秦国夫人一听天子要缠头，她立刻笑应道："我是大唐天子的皇姨，哪有没有钱的道理！"说完，秦国夫人很爽快地命人拿了三百万钱赏给"乐部阿满"。

真不知道我们的"乐部阿满"拿到这笔钱是高兴还是失望，要知道，作为天子的李隆基每年给他那三个皇姨光是脂粉钱就要好几百万钱，而且这三位皇姨随便说一次媒挣得也比他的一场演出费高上许多。宋代诗人范成大曾在《题开元天宝遗事》诗中讽刺李隆基："谢蛮舞袖贵妃弦，秦国如花虢国妍。不赏缠头三百万，阿姨何处费金钱？"

平心而论，虽然三位皇姨颇有些吝啬，但终究一些花费还是要自己掏腰包的，李隆基家里还有一个比三位皇姨更能花钱而从不需要自己掏腰包的人，她就是李隆基挚爱的娘子杨玉环。杨玉环光是做衣服就要聘用七百人，再加上李隆基还要养活一整个后宫以及和妻妾们生的儿女，包括孙子孙女等等，经济情况不容乐观。但是因为老夫少妻的关系，李隆基对杨玉环十分疼爱，他宁愿克扣自己的子孙，也要把最好的留给杨玉环，以得美人欢心。

有娇妻做伴，李隆基的生活过得很滋润，只是入不敷出的现状也让他颇为头疼。为了改变现状，他急需一个会理财的助理。这时杨玉环家正好有一个远房亲戚很擅长理财，这个人就是后来权倾一时的杨国忠。很多人喜欢将杨国忠和杨玉环联系在一起，并且认为杨国忠之所以能发迹是因为他是杨玉环的亲戚，这样的观点是很欠妥的。杨国忠起步时也就是一个小小的度支郎，而且他获得这个职位，同杨贵妃也没有直接关系，杨国忠只是杨玉环的远房堂兄，和她并没有什么深交，因此杨家人第一次被李隆基推恩的时候，杨国忠什么官职都没有得到。后来杨国忠之所以会被推恩，除了他是杨贵妃的远房亲戚，更重要的是他和虢国夫人非同寻常的关系。尽管度支郎职位不高，但算是一个美差，主要工作就是帮皇帝理财。天宝八载（749 年），杨国忠以他优异的业绩被李隆基赐金紫①，提升为太府卿。后来杨国忠又凭借自己敛财的能力在李隆基那里越混越好。没办法，李隆基现在什么都不缺，就只缺钱。

此外，李隆基三位皇姨家的家奴也是狗仗人势的主儿。天宝十载（751 年）正月十五，上元节，长安城中的百姓簇拥在西市看花灯，李隆基的女儿广宁公主不巧和三位皇姨撞上了。广宁公主这孩子不懂事，竟然胆敢和皇姨争道，结果杨家一奴婢用鞭子打到了广宁公主的衣服，广宁公主心一慌便从马上摔了下来。广宁公主的丈夫程昌胤赶紧将妻子扶了起来。程昌胤许是实在气不过，便把方才那个打到公主衣服的杨家奴给狠狠地揍了一顿。广宁公主回家后，思来想去还是觉得很委屈，毕竟自己是堂堂的公主，凭什么被杨家奴才欺辱。于是，她跑到父亲那里哭诉。原以为老爸李隆基会给她撑腰，结果李隆基最后虽然下旨杀了那个杨家奴，但也罢了驸马程昌胤的官，并且禁止广宁公主再进宫。

---

① 唐制，三品以上官公服紫色，五品以上绯色，有时官品不及而皇帝推恩特赐，准许服紫或服绯，以示恩宠，称"赐紫"或"赐绯"。赐紫的同时赐金鱼袋，故亦称"赐金紫"。

李隆基的做法实在叫他的子女寒心。作为父亲，李隆基真的爱自己的孩子们吗？也许他曾经爱过，或者他一直都爱着，只是相比自己的孩子，他更爱自己。一个真心爱孩子的父亲会考虑自己孩子的处境、感受，且一个真心爱孩子的父亲，一定做不出父娶子妻的事情。面对自己的女儿被后妻娘家的家奴欺辱的时候，他会袒护自己的女儿，而不是为了顾及后妻的颜面责罚自己的女儿和女婿。

一人得道，鸡犬升天，这无疑是对杨家人最真切的写照。李隆基给予杨贵妃以及杨氏外戚如此隆重的礼遇，甚至不顾及父女情谊，与年轻时的李隆基已判若两人。遥想当年，李隆基二十六岁发动"唐隆政变"，二十九岁继位为天子，三十岁正式掌权，开始效仿他的曾祖父，黜前朝徼幸之臣，焚后庭珠翠之玩，禁女乐而出宫嫔……开元之初，励精图治的李隆基把大唐从则天后期的动荡拉入了正轨，那时我们仿佛在书中看到了一个朝气蓬勃的大唐，那是一个"日月丽于天，江河丽于地"的大唐。而到了天宝时期，我们只看见一个迷信道教、贪图享乐、固执且自私的老头，而这个老头正用自己的偏执将大唐带入另一个更为险恶的歧路。

对比开元初，以王皇后父亲墓葬规格一事为例，此时李隆基对杨贵妃及其家族的隆宠早已越制，当年有贤相宋璟劝谏监督，王皇后也算通情达理，且那时的李隆基也称得上是明君，而现在，有了宠妃，没了贤相，老而昏聩的李隆基在这条不归路上越走越远。

昭阳殿里第一人

作为丈夫，李隆基对杨玉环可谓是百依百顺，但是要知道李隆基再怎么百依百顺也是一个有脾气、有性子的人，毕竟李隆基除了"乐部阿满"这个临时身份以外，人家主要的工作仍旧是大唐天子。至高无上的天子怎么可能会是一个没有脾气的人呢？按照《旧唐书》的记载："五载七月，贵妃以微谴送归杨铦宅。"天宝五载（746年）七月，杨玉环因为细微的小过错被李隆基送回了哥哥杨铦的家中。结果不到一天的工夫，当日中午李隆基已经后悔了，他老人家为这事茶饭不思，搞得他身边侍奉的人都着急了。高力士在探知李隆基的意思后，赶紧把杨贵妃原来在宫中使用的东西装了百余车送到杨铦家，生怕杨玉环在哥哥家住不惯。到了吃饭的点儿，李隆基又思念起了杨玉环，于是，他又让人把自己吃的东西送到杨铦家，生怕杨玉环在哥哥家吃不惯。即便如此，李隆基还是觉得不放心，动不动就迁怒于旁人，服侍他的人一有小过，他就毫不客气地鞭打人家。

高力士看出了李隆基的心思，他知道陛下现在是离不开杨贵妃了，于是，他干脆跪请李隆基把杨贵妃接回来。其实李隆基早有此意，只是身边一直都没有人提这事儿，而他作为天子也不好意思出尔反尔，毕竟君无戏言，送杨贵妃出宫是他自己的意思。正好，高力士给了李隆基一个借坡下驴的机会。李隆基二话没说，立马就让人把杨玉环给接了回来。当晚，杨玉环回来以后，她也态度诚恳地向李隆基认了错，给李隆基找了个台阶下。第二天，李隆基高兴了整整一天，置政事于不顾，光顾着作词谱曲与贵妃共乐了。不仅如此，前一日被李隆基暴打的几个倒霉孩子也都得到了李隆基的不少赏赐。

至于杨贵妃到底是犯了什么样的小过错被李隆基迁出了宫，史书上没有明确记载。司马光在写《资治通鉴》的时候，吸取了《旧唐书》的内容，而后加上他自己的理解，给我们找到了一个答案，即"妃以悍不逊，上怒，命送归兄之第"。这个理由也算合理。唐人笔记里有类似的说法，比如《开天传信记》就说："太真妃常因妒媚，有语侵上。"甚至白居易诗《上阳白发人》中也写道："未容君王得见面，已被杨妃遥侧目。"

看到此处，可能会有不少人不解地问：为什么杨贵妃会嫉妒呢？她都已经万千宠爱集一身了，有谁还值得让她去嫉妒，别人嫉妒她还差不多？嫉妒之心并不仅仅源自于心态的不平衡，潜在的生存危机意识也是嫉妒心的来源之一。杨贵妃虽然很得宠，但是后宫自古都是只见新人笑，不见旧人哭，多少曾经宠极一时的妃嫔，最终都落得个长门紧闭的下场，有的甚至死于非命。远的不说，就说高宗朝的萧淑妃，当年也是宠冠后宫，可武则天一入宫，不但失了宠，最终连命都丢了。何况李隆基在纳了贵妃之后，他还在持续地收纳宫人。天宝末年，李隆基的后宫人数直升到四万人。四万人中不少都是天宝末年才选入宫的，这些姑娘个个都是正当年华的俏丽佳人。当然，也许有人会说杨玉环可是四大美人之一，有羞花之貌，绝对是艳压群芳的美人，何必担心自己会被人取代！可是再漂亮的佳人也经不住岁月的消磨，杨贵妃虽然很美艳，但天宝时她也是一个三十来岁的妇人了，比起那些刚入宫只有十七八岁甚至更年轻的女孩，年纪上杨贵妃是绝对不占优势的。其次，所谓的闭月羞花之美貌也就是一个相对论，正所谓情人眼里出西施是也。天下缺少的不是有才有貌的大美人，而是像晚年李隆基那样有权有钱有闲情的男人。好比楚人宋玉笔下的东邻女，她的容貌好不好？答案是肯定的。不仅好，而且非常好，用宋玉的话说，东邻女的样貌是"著粉则太白，施朱则太赤"，如此天生丽质的东邻女也算得上是楚国数一数二的美人了，可是提到先秦时代楚国的美女，谁又会第一时间想到没有名字的东邻女呢？大部分人提及楚国的美人时，估计都会想到楚文王的夫人息妫或者楚平王的夫人伯嬴吧。为什么是她们俩呢？先说息妫吧，她原本是陈国的公主，嫁给了息侯，楚文王为了得到她而灭了息国，这大概算得上真正意义上的"倾国倾城"了吧。后者伯嬴，她是秦哀公的女儿，原来是楚国太子建的未婚妻，而楚平王贪恋准儿媳的美色，不惜横刀夺爱。某种程度上说，伯嬴是先秦版的杨贵妃。息妫也好，伯嬴也罢，若追求她们的只是一群普通人，那么纵使她们再美貌也不会多么为人所知。此外，这世上那些倾国倾城的美人没一些个倾倒人国的故事，又怎么会弘扬于史？从妲己到褒姒，再从褒姒到西施、冯小怜等等，哪个绝世美人的背后没有一个乐意为她们掏心掏肺的亡国之君。也许有人会说如果那位东邻女真的艳压群芳，美貌胜过了伯嬴、息妫的话，为什么追求她的人只是一些普通人，可见她的样貌其实也就一般吧。这话说得也不无道理，但是现实中不是每个美人都有机会遇上李隆基这样的男人，机遇是可遇而不可求的。这样的机遇除了与自身的美貌有关，也和出身、职业、性格等等都有关系。别忘记了息妫也好，伯嬴也罢，她们的父亲可都是国君。也就是说，即便是杨玉环本人，如果不是出自弘农杨氏，也没有任何一个高贵的出身来作点缀，恐怕她长得再美也没有机会当上寿王妃，没有当上寿王妃的杨玉环可能也不会有机会遇上李隆基，更不可能有今天的富贵，很可能终其一生她都只能是一个普通的大唐子民。

除了以上的原因，有些人觉得杨玉环的嫉妒源自她对李隆基的爱，所以她不能接受李隆基移情别恋。爱的因素或许也有，毕竟没人真的乐意与人分享自己的爱人。虽然古代也有很多后妃给国君推荐别的美人的典故，远的有楚庄王夫人樊姬给楚庄王荐美人的典故，近的有长孙皇后为唐太宗访求美人的故事，但樊姬也好，长孙皇后也罢，她们这样做并不是真心想和人分享自己的爱人，只是为了彰显自己的妇德。

无论从自己的处境还是感情出发，杨贵妃都离不开李隆基。从物质角度来说，离开了李隆基，她将会失去现在精致享乐的生活；从情感角度来说，失去了李隆基，她将成为大唐天子可怜的弃妇，天子弃妇的命运如何，可以参考前文中所写的王皇后，从高高的云端坠落在地的感觉没人愿意去尝试。所以无论从哪一个层面来看，失去了李隆基，杨玉环就等于失去了一切。

提到王皇后，不少人或许会生出感慨，同样都是因为妒悍而冒犯李隆基，一个因此被废，一个不到一天的工夫，天子就忍不住把她给接了回来，被废去后位的那个还是李隆基患难与共三十年的发妻。对比杨家人和王家人的待遇，也同样让人感叹。王家人再不济也没有杨家人那样气焰嚣张，何况王皇后的哥哥王守一还是李隆基"先天政变"的功臣，到头来三十年的夫妻不如新人笑，功臣亦不如弄臣。

王皇后和杨贵妃为何待遇差距那么大？论其原因，重点不在于爱情，而在李隆基的心态变化，而李隆基的心态变化和爱情也没有太大关系。终究李隆基不是大观园怡红院中那个怜香惜玉的宝哥哥，而是大明宫里的皇帝。虽然李隆基也曾在宫里设了一个名为"宜春院"的地方，收纳了不少俏丽且擅舞乐的美人，但是李隆基终究不是一个为情所制的痴人儿。

开元之初，励精图治的李隆基一心以"贞观之治"为榜样，想要重振大唐社稷，他自然不会刻意无度地优待皇后的家人。即便在王皇后被废后，李隆基对武惠妃的恩宠待遇也没有达到杨贵妃的程度。那时的李隆基还在效仿"贞观之治"的道路上前行，所以武惠妃的两个兄弟官高不过三品，而且对朝政也没有什么过多干预。但是到了开元末天宝初，李隆基已然不需要模仿自己的祖父李世民了，因为这时大唐已经到了盛世的顶峰。且李隆基已经老了，已不似年少时那样雄心勃勃，有志气有抱负，现在的李隆基想要的不过就是一个温柔乡的慰藉。外加杨贵妃再怎么妒悍也比不得王皇后，杨贵妃和武惠妃一样，她们没有见过李隆基灰暗的早年生活，她们眼里的李隆基从来都是光彩照人的天子，杨贵妃再怎么使性子也不可能揭李隆基的老底，她的出言不逊和王皇后没有可比性。再者，李隆基和杨贵妃之间存在着的巨大年龄差也决定了李隆基对杨贵妃的包容度和对王皇后不一样。

天宝九载（750年），杨贵妃又一次因为忤旨被李隆基送回了娘家。这一次，李隆基没像上次那样思念贵妃到茶饭不思坐立难安，所以他也没有立马派人接回杨玉环。这样的情况可急坏了杨家人。这时，户部郎中吉温觉得这是巴结杨家的好机会，他通过关系让宦官对李隆基说："贵妃只是一个妇道人家，见识短浅，违背了圣意，但陛下为何要吝惜宫中一席之地，不让她死在宫中，而要让她在宫外丢陛下的脸呢？"李隆基听完后，突然又后悔起来。为什么李隆基突然又后悔了呢？道理很简单：杨贵妃就是个三十来岁的妇人，李隆基则是一个六十多岁的天子，他作为长者又坐拥天下，如今却跟一个小妇人置气，这不显得他为人很小家子气吗？正如吉温所说，把杨贵妃安置在宫外确实丢的是李隆基的人，天下人只会觉得皇上的脾气跟小孩子一样。所以为挽回自己的面子，李隆基又派人把自己的吃食赐给杨玉环。

　　作为李隆基的解语花，杨贵妃自然对李隆基十分了解。一见李隆基抛出了和解的橄榄枝，杨贵妃赶紧借坡下驴，当场就感激涕零地说："我得罪了陛下，本来就是罪该万死，而陛下如此宽宏大量，不仅不杀我，还放我回家。我现在虽然离开了宫中，不得与陛下相见，然而身边的金玉等珍宝玩物，都是陛下赐给我的，无以为报，只有头发是父母给我的，我把它献给陛下以表示我的诚心。"说完，杨贵妃就剪下一缕自己的头发，让人带给李隆基。李隆基见后，立刻回心转意，派高力士把杨贵妃又接回了宫中。

　　杨贵妃真是一朵解语花，她的话说得多妙啊！话语中不仅体现了她对李隆基的爱和感激，更是帮李隆基挽回了面子。本来李隆基一个六十多岁的人和一个三十来岁的小妇人置气是一件挺丢面子的事情，但是杨贵妃的回应立马把这桩事情变成了一个爱情故事的小插曲。李隆基的形象也从一个与妇人斤斤计较的小气天子变成了一个多情天子，而这个情圣一般的多情天子还显得很大度。

　　就这样经历了两回二进宫，李隆基和杨贵妃的关系更为亲昵了，可谓是"如胶似漆"。由此杨贵妃也好，杨家人也罢，都成了朝里朝外众人巴结艳羡的对象。天宝六载（747年），范阳节度使安禄山来朝，摸准李隆基心思的安禄山厚颜无耻地自请让杨玉环收他为干儿子。要知道，当时的杨玉环才二十九岁，安禄山已经四十五岁了，这干儿子的年纪比干妈要大十多岁，不过这也不妨碍安禄山给杨玉环当干儿子，更不妨碍安禄山这个老干儿子对小干妈尽孝心。每次李隆基和杨玉环一起接见安禄山时，安禄山都先拜杨玉环再拜李隆基。李隆基问其缘由，安禄山献媚地说："因为我们胡人的习惯都是先拜母后拜父。"李隆基听了以后很高兴，因此对安禄山格外优待，还下令杨铦以下的杨家兄妹们一起同安禄山结为兄弟姐妹，杨家和安禄山的关系更近了，不过辈分乱了套。

作为杨贵妃的干儿子，安禄山却从来不买杨国忠这个杨贵妃远房堂兄的账，所以杨国忠和安禄山的关系一直都不好。

天宝十载（751年），李隆基和杨贵妃又赐了很多东西给安禄山。此刻，李隆基依旧丝毫没有意识到安禄山包藏的祸心。天宝九载以后，安禄山官职除了上柱国、柳城郡开国公、东平郡王等等好听的虚衔以外，还身兼河东、范阳、平卢三镇节度使和河北道的采访使，他的势力早已今非昔比。自李林甫去世以后，安禄山更是无所忌惮。随着他和杨国忠矛盾的激化，大唐王朝的灭顶之灾越来越近了。

天宝十四载（755年）十一月九日，安禄山以讨杨国忠、清君侧为名，起兵范阳。

大唐即将迎来一场史无前例的惊变——"安史之乱"。

舞破中原始下来

霓裳一曲千峰上，舞破中原始下来。

大概没有比杜牧《过华清宫绝句三首》中的这两句诗更适用于"安史之

乱"的开始了。伴着《霓裳羽衣曲》悠扬的旋律，开元二十八年，大唐的人口终于超过了隋朝。天宝十四载，在"安史之乱"爆发前的一次人口统计中，大唐的人口达到五千二百九十一万九千三百〇九人。这个数字远远超过隋大业五年（609 年）的四千六百〇一万九千九百五十六人，毫不谦逊地说，这是大唐的人口之最了。然而，这个数字在"安史之乱"发生后，一下子被刷低到了一千六百九十九万三千八百〇六人。这还是唐肃宗乾元三年（760 年）的人口统计，彼时"安史之乱"尚未结束。可以说李隆基曾经一手把大唐推向鼎盛，又一手将大唐推向颠覆的边缘。

天宝十四载十一月十五日，在安禄山起兵后第七天，李隆基终于相信了这个消息是真实的。白居易在诗中用"兵过黄河疑未反"来讽刺李隆基对安禄山的轻信。虽然诗人的遣词略有些言过其实，但这讽刺也算是恰到好处，因为整整七天的时间里，太原城、东受降城①皆向长安发来急报，上奏说安禄山反叛一事，李隆基却以为这是小人捏造，直到第七天叛军快要打到博陵了，他才不得不相信这个残酷的事实。

十一月十六日，李隆基在华清宫召见了安西节度使封常清，商量对策。封常清早年跟着高仙芝靠军功起家，是军事经验十分丰富的战将。次日，李隆基安排封常清为范阳、平卢节度使。当日封常清便赶赴东都洛阳，而后十天里他募集了六万兵丁。十一月二十一日，李隆基还没轻松几天，叛军已经攻下了博陵。叛军离长安越来越近，这不由得让李隆基心慌起来。李隆基终于再也没有雅兴待在华清宫了，匆忙返回长安的兴庆宫。回到长安后，李隆

---

① 唐三受降城之一，景龙二年（708 年）张仁愿筑于黄河东北岸今内蒙古托克托南，隔河与胜州相对。宝历元年（825 年）徙置绥远烽南，即今托克托城。

基又做了一番新的部署：以朔方右厢兵马使、九原太守郭子仪为朔方节度使，领陈留等十三郡，张介然为卫尉卿，程千里担任潞州长使，并在叛军冲击的几个郡设置了防御使。二十二日，又宣布第六子荣王李琬为征讨元帅，金吾大将军高仙芝为副元帅，命令高仙芝征兵于河、陇，并屯兵于陕郡（今河南三门峡市西），用以抵御叛军。

荣王李琬做了没几天的征讨元帅就病逝了。这倒不影响王师出征，因为荣王李琬只是一个挂名元帅，这次出征平乱本来主要靠的就是高仙芝。高仙芝其人可以说是盛唐时代的李靖，人长得英俊不说，而且战功累累。十二月一日，李隆基集齐了出征的人马，宴请完高仙芝等人后，又特地到望春亭给他们送行。上路前，李隆基又安排宦官边令诚到高仙芝身边做监军。就这样，高仙芝带着监军边令诚和大队人马浩浩荡荡地进驻陕郡。

李隆基虽然亡羊补牢地进行了一定部署，但终究错过了七天的时间，叛军已于十一月二十三日打到了黄河边上。十二月二日，叛军已经渡过黄河，攻陷了灵昌郡。十二月五日，陈留太守郭纳开城向安禄山投降。国难当头，正是考验人心的时候，"安史之乱"既涌现了一群忠臣，也涌现出了一大堆投鼠忌器的小人，而更多的，则是在战火中苟且偷生的人。陈留太守郭纳属于第三种。河南节度使张介然到陈留没几天，安禄山就率叛军来了。起初张介然命令士兵登城守卫，士兵惊恐，不能作战。张介然因为抵抗无效兵败被杀，陈留太守郭纳也就只能无奈地开城投降了。

十二月初七，李隆基突然颁下制书说要御驾亲征讨伐安禄山，命令朔方、河西、陇右除守城以外的所有镇兵全部随军出征，并命令各镇节度使亲自率领，限二十天内全部汇集到长安。李隆基不是第一次颁下这样的制书了，其实早在开元初年他就颁过御驾亲征的制书，只是当时他御驾亲征的对象不是叛军，而是吐蕃。那时的李隆基御驾亲征是为了开疆，现在他则是为了弥补自己犯下的过错。两次的目的截然不同，唯一的相同之处是李隆基颁了两次御驾亲征的诏，两次都没有真的御驾亲征。

就在这个时候，距离东都洛阳三百里不到的荥阳也失守了。现在武牢关的形势很不理想，镇守洛阳的封常清压力很大。唐军与安禄山在武牢关交手，唐军大败。

封常清知道这样实在没有办法回去跟李隆基交差，只好收拾余众，在罂子谷的葵园与叛军再战。开始形势还算不错，后来叛军的大部队来了，封常清率领的残众自然没有办法与叛军大部队较量，只好继续败退。十二月十二日，东都洛阳也沦陷了。长安，成了叛军的下一个目标。

要守住长安，潼关很重要。所以武牢关失败后，封常清就带着余部退到陕郡找高仙芝。这时，陕郡太守窦廷芝已逃往河东，其他官吏和平民也都已出逃。见此，封常清立刻向高仙芝表达了自己的看法："我连日与叛军血战，叛军锐不可当。潼关是入长安的要冲，现在却无兵可守。如果叛军突入关中，长安必然会被攻下，这样陛下就危险了。依我之见，不如先弃守陕郡，直接率兵占据潼关以抵御叛军。"高仙芝也深以为然。于是，高仙芝率领所有兵力西向潼关进军。不久叛军追至，两军交战，未到潼关，唐军就已伤亡无数。等唐军退到潼关，叛军也接踵而至。两军在潼关对峙，安禄山便派部将崔乾率兵屯于陕郡。这时临汝、弘农、济阴、濮阳、云中等郡都已经降于安禄山，即将把整个大唐收入囊中的安禄山开始志得意满地为自己谋划起了称帝的事宜，所以他留在洛阳并没有继续前行。

安禄山的滞留让朝廷总算得到了喘息的时间，待新征的兵丁也陆续赶到潼关后，李隆基又重议了御驾亲征之事。他先是下制书令太子李亨监国，然后又对宰相们说："朕在位快五十年了，一直懒于处理政事，去年秋天就想传位给太子，可是当时水灾旱灾不断，朕不想把这些灾祸留给子孙去承担，于是朕想等到形势好转后再传位于太子。不料逆胡安禄山竟然举兵谋反，朕这次一定要亲自去征讨，让太子监国。待叛乱平定后，朕将高枕无忧地退位。"

做了将近五十年太平天子的李隆基，他冠冕堂皇的话说得比唐隆元年那个意气风发的临淄王要好得多。可是一个七十一岁没有任何带兵经验的老人真的会御驾亲征吗？那自然是不可能的。李隆基这样说，不过是在故作姿态。他要是去年真想让位于太子，然后去享清福，不管政事，整天和杨玉环郎情妾意，去年的水灾旱灾完全可以作为他退位的理由，当年唐睿宗李旦退位给他的理由不就是因为彗星经天是不吉的征兆，退位给太子以避祸吗？

李隆基诏书的话当不得真，明眼人都看得出来陛下不是真的想退位。不过，李隆基这话还是吓坏了杨国忠。杨国忠和太子李亨先前就有过节，他担心太子李亨监国会对他不利。于是，退朝后杨国忠赶紧找到了韩国、虢国二夫人，对她们晓以利害，道："太子早就恨我们杨家人，如果让他监国，你我以后别想有好日子过，小命也将危在旦夕啊！"杨家人细细一想，自己先前确实得罪过不少皇子公主，太子监国的话，自己肯定没有好果子吃。受杨国忠之托，虢国夫人找来了杨贵妃帮忙，素来与政事无缘的杨贵妃因此卷入政治漩涡。想到李隆基御驾亲征、太子监国的各种利害，想到杨家人的前途，她想尽办法阻拦李隆基御驾亲征。本来李隆基也就没真的打算御驾亲征，杨贵妃这一劝阻，借坡下驴，这件事自然就不了了之了。事实上，杨贵妃这一行为非但没有给她自己和杨家人带来好处，反而让太子李亨与她和杨家人的关系进一步僵化。

皇宫中人心惶惶风起云涌，前线的高仙芝和监军的宦官边令诚也产生了矛盾。边令诚入朝奏事，借机向李隆基报告了高仙芝、封常清战败的情况，他故意陷害封常清和高仙芝道："封常清借叛军的强大势力动摇军心，高仙芝无故丧失陕郡数百里之地，还盗减军士的粮食和物资。"李隆基大为震怒，竟然派边令诚手持敕书到军中处死高仙芝及封常清。此前，封常清兵败后，三次派使者入朝上表陈述叛军的形势，李隆基都避而不见。没有办法，封常清只能亲自骑马入朝报告。可才到渭南，李隆基就下敕书剥夺了他的官爵，让他作为一名白衣回到高仙芝的军中。后来，封常清知道自己难逃一死，又草写了一份遗表给李隆基，称："我死了以后，希望陛下千万不要轻视逆贼安禄山，不要忘记我说的话！"封常清之所以这样告诫玄宗，是因为当时朝臣都认为安禄山狂傲悖逆，用不了多长时间就会失败，对安禄山掉以轻心。可怜忠心耿耿的封常清就这样被李隆基冤杀了。至于高仙芝，那更是一个倒霉的人，他临死的时候还在喊冤："我遇到叛军没有抵抗而退却，死了是应该的。但是天地良心啊，说我盗减士兵们的军粮和物资实在是冤枉我啊！"

杀了高仙芝和封常清之后，李隆基又任命哥舒翰为兵马副元帅，让他率兵八万去征讨安禄山。哥舒翰也是一个倒霉人，本来他当时正因为生病离职在家休养，接到命令后，他以自己有病在身为由坚辞不受，但被李隆基拒绝。当时李隆基身处窘境，已无可用之将，哥舒翰去也得去，不去也得去。李隆基又任命田良丘为御史中丞兼行军司马，起居郎萧昕为判官，两人一同随军出征。这时，番将火拔归仁等人率领部落军队及时赶来，由哥舒翰指挥，再加上高仙芝原来的军队，唐军的人数号称二十万之众，都压在了潼关。

次年（756年），安禄山在东都洛阳自封为"大燕皇帝"，改年号为"圣武"，重整军队，向西推进。此时，哥舒翰已经在潼关和叛军相持了一年。唐军战果还算可以，其间叛将安庆绪率叛军进攻潼关，被哥舒翰击退。按照这样的方法守下去，也许后面的情况将不会变得更糟糕，但是杨国忠却出于私心逼迫哥舒翰主动迎击，结果唐军大败，潼关失守。

接下来要说的故事，便是"九重城阙烟尘生，千乘万骑西南行"了。

六军不发无奈何

潼关失守之后，百官还能来上朝的人已经不到十分之一二了。当李隆基再次登临勤政楼的时候，又下制书说要亲自率兵征讨安禄山。这回听到的人都不再相信他的话了。同一日，李隆基移居大明宫。天黑以后，李隆基悄悄地命令龙武大将军陈玄礼集合禁军六军，重赏他们金钱布帛，又挑选了闲厩中的骏马九百余匹，为"千乘万骑西南行"做部署。

到了这一步，那个曾经威武神勇的大唐天子李隆基可以说已然彻底堕落了。六月十三日，天微微亮的时候，李隆基便带着杨贵妃、太子、杨国忠、韦见素、魏方进、陈玄礼等人及亲信宦官、宫人，从延秋门出发，离开了长安。而那些在宫外的王妃、公主及皇孙们，但凡李隆基来不及通知的，他都弃之不顾了。

俗话说夫妻本是同林鸟，大难临头各自飞，然而，当你真心爱一个人的时候，即便面对生死的考验，你也不会撕弃另一半不顾而独自逃生，就像四十多年前，李隆基的发妻王氏因为爱她的丈夫，在知道李隆基打算举兵消灭韦后的时候，她毅然决然地选择和她的丈夫同生共死。王氏不曾离弃李隆基，却在歌舞承平危险早已远离的治世被李隆基毫不顾夫妻情分地抛弃。如今，风云再起，作为一个弃都出奔的天子，作为丈夫，作为父亲，李隆基顾不上自己宫外的儿孙，但他始终顾得上杨贵妃和杨贵妃的那些亲戚们。李隆基对杨贵妃的情谊和付出，在他诸多后宫美人中真的算是独一无二了。至于杨贵妃，此刻的她没有选择的权利，她只能跟着李隆基，不是因为爱，而是现实的需要，没有选择的余地。

俗话说，人不可犯众怒，众怒如水火，随时都可以将人吞没。曾经炙手可热的杨家人那些横行霸道的行径早就犯了众怒，此刻若是不跟着天子李隆基，杨家人和杨贵妃恐怕难有活命的机会。

李隆基一行路过左藏库的时候，杨国忠请求放火焚烧左藏库，他的理由是不能把这些钱财留给叛贼。这时，李隆基颇存愧疚地说："作为天子，不能护佑百姓已然是朕的失败了，叛军来了没有钱财，一定会向百姓征收，还不如留给他们，以减轻百姓的苦难。"

有意思的是，有心替百姓着想的李隆基却并没跟他的臣民打一声招呼就悄悄出逃了。当日天亮后，不知情的大臣们还是照样入朝，到了宫门口，还能如以往一样听到漏壶滴水的声音，仪仗队的卫士们仍然整齐地站在那里，照常上班。然而，待宫门打开后，他们看到的就是另一番景象了：宫人们争相奔逃，宫里宫外乱成一片。长安城里的人们此时才发现自己已经被皇上抛弃了。于是，剩下的人，无论王公贵族还是平民百姓都是四散奔逃，有些人趁机进入皇宫及王公贵族的宅第，盗抢金银财宝，有的还闯入宫殿，放火焚烧了左藏大盈库。

总之，长安城已经乱作一团。

而此时的李隆基正在逃往四川的路上。李隆基一行经过便桥后，杨国忠派人放火烧桥，李隆基又"悲天悯人"地说："官吏百姓都在避难求生，为何要断绝他们的生路呢？"于是，李隆基让内侍监高力士留下，让他带一些人把大火扑灭后再跟上大部队。接着，李隆基又派宦官王洛卿做先行，告诉郡县官做好接驾的准备。到吃饭的时候，李隆基一行人抵达咸阳县望贤宫，而此时王洛卿与咸阳县令都已逃跑。好不容易才等到有人来，并送来吃食。

这时，有一位名叫郭从谨的老人进言说："安禄山包藏祸心，他计划反叛已经很久了，这期间也有人到朝廷去告发他的阴谋，而陛下却不相信这些人，认为他们是出于嫉妒之心故意诬陷安禄山，这才使安禄山奸计得逞，以致陛下如今出奔。所以太宗文皇帝说兼听则明偏信则暗。陛下，我还记得宋璟做宰相的时候，他敢于犯颜直谏，所以天下得以平安无事。自从张九龄被罢相以后，朝廷中的大臣都忌讳直言进谏，只是一味地阿谀奉承，取悦于陛下，所以对于宫门之外所发生的事陛下都不得而知。那些远离朝廷的臣民早知道会有今日，但由于宫禁森严，远离陛下，徒有效忠之心无法上达。如果不是安禄山反叛，事情到了这种地步，我又怎么能够见到陛下当面诉说呢？"

听完郭从谨老人的这番话，李隆基感慨道："这都是朕的过错，但现在后悔已经来不及了。"面对当下的情境无可奈何的李隆基打发走郭从谨，安排好后续事宜以后，下令继续前进。

快半夜时，逃难的天子一行人到了金城县，这里的县令和县民都已逃走了，但是他们的食物和器物都在，士卒因此幸运地吃了个饱饭。当时跟随李隆基一起出奔而在半路中私自弃君而走的官吏很多，就连内侍监袁思艺也借机逃走了。

哥舒翰的手下王思礼千辛万苦从潼关赶上李隆基的大部队，直到此时李隆基才知道哥舒翰也被叛军俘虏，他只好临时任命王思礼为河西、陇右节度使，命令他立刻赴任，收罗散兵，准备东进讨伐叛军。李隆基本人则带着一群至亲继续向四川行驶。

在李隆基一行到了马嵬驿后，随从的将士们因为长久的饥饿与疲劳，难以抑制心中的愤恨。龙武大将军陈玄礼认为天下大乱都是杨国忠一手造成的，想要除掉杨国忠以息民愤。陈玄礼将自己的想法告诉了东宫的宦官李辅国，让他转告太子。这时的太子李亨和当年为了除去太平公主不得不逼父夺权的李隆基一样犯起了难，毕竟大唐以孝治天下，儿子逼父亲终究不像话。太子李亨的内心是支持陈玄礼的，但是他作为李隆基的儿子又不能明确表现出自己的支持。作为儿子，李亨怎么也不可能跳出来说："我支持你们这种胁迫陛下的行为！"其实，嘴上什么都不说的李亨心里是很乐意的。就这样，在太子的默许下，陈玄礼等人策划了一场兵变。他们的目的是诛杨氏，清君侧，息民愤，让太子上位，以确保李隆基的人身安全。

接下来好戏上演了：先是有吐蕃使节二十余人拦住杨国忠的马，向他控诉自己一直没有分到食物。杨国忠还没有来得及回答吐蕃使节们，就有士卒喊道：

"杨国忠与胡人谋反！"立刻就有人用箭射击，并射中了杨国忠坐骑的马鞍，杨国忠只得慌忙逃命。他在逃至马嵬驿西门内的时候，被士兵追上杀死。愤怒的士兵们肢解了他的尸体，并把他的头颅挂在矛上插于西门外示众，然后杀了他的儿子户部侍郎杨暄与韩国夫人、秦国夫人。这时，御史大夫魏方进跳出来说："你们胆大妄为，竟敢谋害宰相！"不清楚情况就跳出来替杨国忠说话的魏方进很快也被士兵们当作杨国忠的同党给杀了。另一个宰相韦见素听见外面大乱，跑出驿门察看，又被乱兵用鞭子抽打得头破血流。当时的情况实在太混乱了，好在有人喊"不要伤了韦相公"，韦见素才免于一死。

之后，士兵们又包围了驿站，这场戏的高潮就要到了。

李隆基听见外面的喧哗之声，便问发生了什么事，侍从回答说杨国忠谋反了。李隆基直觉情况不妙，杨国忠根本不可能在这个时候谋反。众怒如水火，李隆基很识时务，也很明白其中玄机。他走出驿门，先慰劳军士，才命令他们撤走，但军士并不从命。李隆基没有办法，又让高力士去问话，陈玄礼回答说："杨国忠谋反被诛，杨贵妃不应该再侍奉陛下，愿陛下能够割爱，把杨贵妃处死。不然，难安军心。"

这是李隆基始料未及的，此刻的他手足无措，嘴上虽然说"自有处置"，但进入驿站后，他拄着拐杖侧首而立，难以决断。过了一会儿，京兆司录参军韦谔上前说道："现在众怒不可犯，形势十分危急，安危在片刻之间，希望陛下赶快做出决断！"说完，韦谔就跪下开始不断地叩头，叩得血流满面。李隆基仍然坚称："贵妃居住在戒备森严的后宫中，不与外人交结，怎么可能知道杨国忠谋反呢？"到这一步，还在为杨贵妃辩护的李隆基并不是不明白自己现在的处境，将士们反了，陈玄礼等人想要诛杨贵妃等人来平息众怒，当下抛出杨贵妃，对他绝对是有利的。但是李隆基为什么对杨贵妃如此恋恋不舍？是因为爱情？

若说爱情，李隆基这一辈子真的爱过谁？说他爱王皇后吧，三十年的夫妻情分，结果说废就废了。说他爱武惠妃吧，他终究为了保住自己的好名声不肯在武惠妃活着的时候册封她为皇后。现在李隆基真的愿意为了杨贵妃不顾自己的名声情愿做一个不爱江山爱美人的昏君吗？

晚唐诗人温庭筠在途经马嵬驿时，有幸看见了贵妃的画像，便作诗道："慢笑开元有幸臣，直教天子到蒙尘。今来看画犹如此，何况亲逢绝世人。"看来杨贵妃真是绝世的美人，她的一幅画像都可以引得温庭筠大发感慨，何况李隆基每日面对的是绝世佳人本尊，由此满心怜爱不舍得抛出杨贵妃给自己当挡箭牌也可以理解。可李隆基的后宫中，谁又是丑女？当年赵丽妃、武惠妃等，她们个个都是大美人。情人眼里出西施，也许在李隆基眼里杨贵妃确实是最美的那个人，也不排除他对杨贵妃是有些真爱，但这绝对不是李隆基一直不舍弃杨贵妃的主要原因。到了马嵬坡这一步，李隆基作为一个弃都出逃的天子早就已经没有什么好名声可言了，而且他也已经失去了大半的江山，现如今若连一个妇人的性命都保不住的话，他还算是一个男人吗？

至于说杨贵妃是否真的有罪过，答案很明显，谁都知道杨贵妃没罪，至少没有直接可致死的罪。别说杨贵妃了，就算是杨国忠他也没有真的谋反。现在士兵逼宫的用意不过就是以杨贵妃的死来平息众怒罢了。陈玄礼等人策划这次兵变，他们的目的不外乎为李隆基找替罪羊。毕竟堂堂天子落到这个地步，总要有一个错误的原因。圣明的天子怎么会平白无故地犯错呢？所以天子犯错，肯定是因为天子身边出了小人。为了安天下，除去小人是必然的。安禄山范阳起兵谋反之初，他打的是清君侧诛小人的名号。安禄山点名要清、要诛的小人就是杨国忠啊！现在陈玄礼等人以清君侧之名来诛杨氏，间接将李隆基的错误转嫁到杨氏身上，以换得天下人心来保李隆基和大唐江山的安稳。无论是安禄山叛乱还是陈玄礼等人兵变，杨贵妃和杨家人都是他们所称的天子身边的小人，所以等待他们的必然是死亡的命运。

面对装糊涂的李隆基，高力士只能把话挑明了说："我们都知道杨贵妃没有罪过，但将士们已经杀了杨国忠，而杨贵妃还在陛下的左右侍奉，他们怎么能安心？杨贵妃、杨国忠都是杨家人啊！希望陛下好好地考虑一下，将士们心里踏实了，陛下也就安全了。"

是生存，还是毁灭，这是个值得思考的问题。应该默然忍受命运的打击，还是应该不顾生命挺身而出去抗击命运的安排？这两种行为，哪一种更高贵？四十年前还是临淄王的李隆基面对命运无情的打击，他选择了挺身而出，最终他诛灭了韦后、太平的政治集团，赢得李唐江山社稷，成为一位英雄天子。现在英雄老了，他头上的光环也不见了。再次面对命运的选择，李隆基也不复当年的意气，他默然地选择了生存。之后，他让高力士把杨贵妃引到佛堂内，赐死。而佛堂内的杨贵妃依旧毫无选择的余地，她只能为君而亡。

六军不发无奈何，宛转蛾眉马前死。短短一行诗，道尽杨贵妃的悲剧结局。

杨贵妃的人生看似风光无限好，其实从生到死一切都取决于李隆基的意思。《红楼梦》中，林黛玉曾自嘲道："比不得宝姑娘，什么金什么玉的，我们不过是个草木之人罢了。"其实杨贵妃这朵绮丽的解语花和王皇后相比，她确实是"草木之人"。杨贵妃、武惠妃这两朵解语花都可说是"草木之人"。她们都很得宠，也都是有实无名的皇后。一些人觉得有实无名要比有名无实好，其实不然，名分自始至终都是一个很重要的东西，不然武惠妃这么聪明的人，何必挖空心思要拿到皇后之名。皇后之名，不仅可以带来"名正言顺"这四个字，还可以得到天子的礼敬。李隆基虽然最后忍无可忍地废了王皇后，但他从不曾因为王皇后出言不逊就把王皇后送回娘家。为什么李隆基可以随意地把杨贵妃送回娘家两次，说到底还是因为杨贵妃只是一个帝王妾，而不是帝王妻。古人对妾的态度和妻的态度完全不一样，妾是可以因为她的小过错而被送走的，妻哪有任意送走的啊。纵使自己的妻子是妒悍之人，忍受不了她的言行，想同妻子分开，也得通过休妻或者请离的方式来解决。而古人送走一个妾远比休妻容易，因为休妻必须符合"七出"和"三不去"的条件，而送走一个妾根本不需要什么特别的理由。妻子到底是明媒正娶来的，她是家中的女主人，地位岂能同妾相比。同理，皇后作为帝王妻，她才是后宫名正言顺的女主人。所谓"妻不如妾"，那只是后人一厢情愿的想法，从古人的礼法上来说，妻的地位从来都是远远高于妾的。武惠妃挖空心思想当皇后，何尝不是因为只有当上皇后，她才是后宫真正的女主人，不然，作为有实无名的皇后，实际也就是一个宠妃，李隆基要抛弃她的话，连废后诏书都省了。

作为帝王妻的杨贵妃，虽说是李隆基身边十分得宠的解语花，但终究也就是一个仰望着李隆基过日子的人。被李隆基纳入后宫，她没有多余的选择；被李隆基两次送出宫又被接回去，她也没得选择；最后被李隆基赐死，她连反抗的余地都没有。杨贵妃的一生基本上都是看李隆基的脸色过日子，虽然也曾使过小性子，让李隆基恼怒，但是事后，杨贵妃也好，杨家人也好，他们很快又去讨好李隆基，把事情给化解了。而作为皇后的王氏及其家人则与杨氏大相径庭，他们无须像杨氏一样谄媚。一是王皇后作为李隆基的发妻，其兄王守一作为李隆基的发小，这两兄妹算是和李隆基一起从小玩到大的人，对李隆基并非时时仰望；而更重要的是王皇后身份尊贵，一国之母，无须低三下四。

不过，即便杨贵妃与杨氏一族如何婉曲逢迎，终究逃不过身死的下场。杨贵妃死后，李隆基命人将她的尸体抬到驿站庭中，让陈玄礼等人入驿站验明正身。李隆基现在所做的一切都是为了稳定军心，保全自己。妻子死了，还可以再娶嘛。曾经的"真爱"武惠妃死了不过两年，他就把武惠妃的儿媳杨玉环纳入后宫。同理，杨贵妃再好也不是真的找不到替代者。最让李隆基痛心的不是杨贵妃的死，而是自己作为堂堂天子竟然到了弃都出逃几乎丢了整个江山的地步，还被自己的臣子们逼得连一个妇人的命都保不住。作为一个天子，李隆基此时此刻的颜面也算是丢尽了。

陈玄礼等人见杨贵妃已死，立刻脱去甲胄，叩头谢罪。李隆基也算平定了军心。而后，李隆基又命令自己的亲信将杨贵妃已死一事告谕其他军士。陈玄礼等也很配合地高喊万岁，再拜而出。而杨家的其他人，比如杨国忠的妻子裴柔与她的小儿子杨晞、虢国夫人与她的儿子裴徽都趁乱逃走，但穷途末路，终究难逃一死，虢国夫人一行逃至陈仓县，被县令薛景仙率领官吏抓获，最终身死。

马嵬坡之后，李隆基继续西行到达了成都。此刻的他已经被儿子唐肃宗拱上了太上皇的位置。

而香魂已消的杨玉环呢，在佛堂内到底是大义地自愿赴死，还是极不情愿地被他人处死，无人知晓。各种文艺作品或褒或贬地给杨贵妃设计了很多临终遗言，这其中，洪昇在《长生殿·弹词》里有一句话很耐人寻味："一代红颜为君绝。"这个"君"，大概不单是指李隆基，还有杨家的其他人吧。马嵬坡前的杨贵妃确实是一个很可怜的替罪羔羊，但是可怜之人也不是没有一点儿过错。如果她之前不是毫无条件地袒护和纵容杨家人，能训导自己的家人不惹是生非，不横行霸道，不仗势欺人，也不至于招致如此多的怨愤，最终也不会是这样的下场。

当然，追根溯源，杨玉环最大的错误不是别的，而是跟了李隆基这个薄情寡义郎。杨玉环早应该清楚李隆基的为人，毕竟一个在自己爱妃死后两年就向自己的儿媳示爱，而这位儿媳恰恰就是他的宠妃武惠妃的儿媳，这样的人，哪里来的真情实意？有情有义的人怎么可能做出这样的事情？杨玉环就算不清楚开元初年王皇后的遭遇，武惠妃可是她的婆婆，她不可能不清楚。杨玉环之所以接受李隆基，一是确实君命难违，但是前面已经说过，既然娇陈都可以拒绝，杨玉环作为寿王妃李隆基的儿媳，如果果断拒绝，李隆基也不可能强行纳她入后宫，所以很大程度上"君命难违"不过是借口。说到底，杨玉环也不过是为了天子妃的至高尊荣。也许杨玉环和李隆基从开始就谈不上爱情，只是各取所需。所以，她既然选择了这样的人这样的生活，她就得承担其可能带来的后果。这后宫第一人，谁不想当呢？所以，当上后宫第一人的杨玉环，既然一开始就错了，后来又没有约束好自己的家人，自己还不会收敛锋芒，事出有因，所以也并非就是无辜者。

此外，在"安史之乱"中无辜丧命的人很多，杨玉环绝对不是其中最可怜的一个，比她可怜的大有人在，譬如张巡妾。《旧唐书·张巡传》记载了一个匪夷所思的故事："安史之乱"中，张巡起兵讨伐叛贼，在睢阳，因被敌围困的时间太久，无粮草供给，士卒饿死者无数。情急之下，张巡竟杀了自己的爱妾，将之分给士卒们吃。张巡的小妾可说是可怜到了家，也倒霉到了家，她和"安史之乱"的发生没有任何的联系，但是她还是因此丧了命。然而，因为她的身份仅仅是一个官妾，她没有作为帝王宠妃的杨玉环那样高贵的身份，也没有杨玉环羞花的美貌，她活着的时候怕是连杨家家奴都得罪不起，所以没有多少人会知道她或者记住她，她死了，也没有像杨玉环那样有大把的文人墨客会替她挥笔赋诗，替她撰文鸣不平。只到了清代渔洋山人王士禛的《池北偶谈》里才有了一则跟她相关的故事，名为《张巡妾转世索命》。故事中，张巡妾转世对张巡转世徐蔼说了一句话："君为忠臣，我则何罪，而杀以飨士？"这句话大概是张巡妾的全部悲剧所在。

张巡妾只是一个普通的大唐子民，沧海一粟，生与死似乎都不值一提，而杨贵妃则完全不一样，她是大唐皇帝宠妃，她的一举一动本身就万众瞩目，所以后世的文人墨客们愿意在杨贵妃身上花费大量笔墨。

莫唱当年长恨歌，人间亦自有银河。石壕村里夫妻别，泪比长生殿上多。

袁枚此诗，不虚也！

其实，纵观杨贵妃之死，《张巡妾转世索命》里张巡妾说的那句话——"君为忠臣，我则何罪，而杀以飨士"，也一定程度上道出了杨贵妃的心声，虽然杨贵妃并非全然无辜，但在男权君权社会，几乎没有选择余地的她，其死亡无疑是一个巨大的悲剧，不只是杨贵妃及整个杨氏家族的悲剧，更是广大旧时代女性的悲剧。

至今西风哭白绫

马嵬坡之后，一代红颜杨贵妃香消玉殒了，但是她的传说从来就没有间断过。而这些传说大都离不开李隆基对她的追思。在白居易的《长恨歌》中，到达蜀地的李隆基日夜思念杨贵妃，"行宫见月伤心色，夜雨闻铃肠断声"[1]，真真愁煞人也。

昔日威加海内的堂堂天子，到如今只落得弃都出逃到四川，作为解语花的宠妃被自己赐死，皇帝之位又被自己儿子取而代之，眼看着自己辛苦经营数十年的江山支离破碎，这对李隆基来说又何尝不是一种惩罚。

至德二载（757年），在唐肃宗李亨领导下，唐军收复了长安。作为太上皇的李隆基也因此得以从益州返回长安。重返长安故宫后，李隆基所面对的是"物是人非事事休"的局面。故宫还在，可是故人已所剩无几，"梨园弟子白发新，椒房阿监青娥老"，就连自己的身份也从坐拥天下的大唐皇帝退居为被幽禁的太上皇。太上皇听起来高高在上，但是太上皇的荣耀仅仅在

---

[1] 唐代笔记《明皇杂录》中说《雨霖铃》的乐谱就是此时李隆基为悼念杨贵妃所作的。另有笔记小说称《雨霖铃》是李隆基追念张九龄所作，因悔恨自己当初没有听他的忠言劝告。

于他是当今天子的父亲。天子拥有天下，而太上皇仅仅拥有至高无上的虚名。

这时，李隆基终于体会到了从云端掉落在地上的滋味了。回忆往日的盛景成了晚年李隆基日常生活必不可少的一部分。在这些过去的记忆中，李隆基恐怕最喜欢的确实是他和杨贵妃一起度过的时光，因为繁华的天宝时代是大唐盛世的顶峰，彼时的李隆基什么都不用做就什么都有了，而杨贵妃则是那个时代最具有代表性的女性。追念杨贵妃对李隆基来说有着特殊的意义，因为杨贵妃不仅是天宝时代盛景的象征，更是他创造大唐盛世的象征。生在开元，卒于天宝的杨贵妃，可以说她的一生就是李隆基时代的缩影。杨贵妃死了，李隆基虽然没有死，但是他的时代已经画上了句号。

为了悼念杨贵妃及自己已经画上句号的时代，乾元元年（758年）十月，李隆基又重幸了一回华清宫。临潼县百姓得知后，纷纷出来迎接圣驾，大家都想看看阔别多年的陛下现在变成什么样了。过去，李隆基去华清宫都是自己骑马，从不坐步辇，而这回他却老老实实地坐步辇来了。一位没有名姓记载的县中老人问道："陛下，以前来临潼都是骑马而来，为何这次改乘步辇呢？"李隆基回答道："朕已经老了，骑不动马了。"听得此言，迎驾的人纷纷下泪。此时的李隆基已经七十四岁了，怎么能不老呢？如果说李隆基追念杨贵妃是因为杨贵妃象征着李隆基最为辉煌的时代，那么唐代人为李隆基所叹惋痛惜的则是大唐盛世的顶峰已经过去了。

不仅临潼县接驾的百姓如此，"安史之乱"过后的唐代诗人也是如此。无数以李隆基和杨贵妃的故事为题材的唐诗都表达了这种由盛转衰的落寞与兴亡之感。诗人罗邺有一首题为《温泉》的诗："一条春水漱莓苔，几绕玄宗浴殿回。此水贵妃曾照影，不堪流入旧宫来。"诗中颇有几分"伤心桥下春波绿，曾是惊鸿照影来"的意味，大概在华清宫追念杨贵妃的李隆基也有几分陆放翁重游沈园追念唐婉时深沉的哀思。真是"也信美人终作土，不堪幽梦太匆匆"。只是化作尘土的美人，又何止杨贵妃一人。

　　在华清宫，李隆基召见了不少梨园故人。其中一名叫谢阿蛮的舞姬将过去杨贵妃赐予她的金臂环献给了李隆基。得到贵妃遗物的李隆基忍不住老泪纵横。而后，李隆基又命画师王文郁画了一幅杨贵妃的像，挂在别殿，朝夕视之，他还亲笔写下赞语："万物去来，阴阳反覆。百岁光阴，宛如转毂。悲乐疾苦，横夭相续。盛衰荣悴，俱为不足。忆昔宫中，尔颜类玉。助内躬蚕，倾输素服。有是德美，独无五福。生平雅容，清缣半幅。"

　　在李隆基的心里，杨贵妃自始至终都是一个样貌品德俱佳的妇人，就和他所创造的时代一样是无瑕的美玉。在后世不少笔记中，为了排解自己对爱妃的思念，李隆基还派遣道士杨通幽去仙境寻觅杨贵妃的芳魂。白居易《长恨歌》中关于李隆基移居西内太极宫后为杨贵妃"招魂"的这段描述可以用荡气回肠来形容：

　　　　西宫南内多秋草，落叶满阶红不扫。

　　　　梨园弟子白发新，椒房阿监青娥老。

　　　　夕殿萤飞思悄然，孤灯挑尽未成眠。

　　　　迟迟钟鼓初长夜，耿耿星河欲曙天。

　　　　鸳鸯瓦冷霜华重，翡翠衾寒谁与共？

　　　　悠悠生死别经年，魂魄不曾来入梦。

　　　　临邛道士鸿都客，能以精诚致魂魄。

　　　　为感君王辗转思，遂教方士殷勤觅。

　　　　排空驭气奔如电，升天入地求之遍。

　　　　上穷碧落下黄泉，两处茫茫皆不见。

　　　　忽闻海上有仙山，山在虚无缥缈间。

　　　　楼阁玲珑五云起，其中绰约多仙子。

中有一人字太真，雪肤花貌参差是。

……

可这段荡气回肠的描写只是诗人的臆想。

移居太极宫的李隆基实际上被儿子幽禁了起来，他根本没能力找来什么道士为杨贵妃招魂，就连一般大臣他都见不到。作为平乱的功臣又是刑部尚书的颜真卿曾率百官询问太上皇的生活起居，结果，颜真卿因为这件事被贬为蓬州长史。李隆基人生的最后几年又回到了他童年时代的那种幽禁生活。更何况"招魂"一说本身就不足为信。

这只是一个感人的传说，而传说永远是感人的，真相往往特别残酷。就李隆基的三位"妻子"来说，最不幸的是王皇后，真正名正言顺的妻子也就她一人，同时也只有她不是冲着当后宫第一人的皇后而嫁给李隆基的，也只有她是真正和李隆基同甘共苦过的人，可惜夫妻同甘共苦三十年，得到的就是一道废后诏书。而武惠妃和杨贵妃这两位如皇后一般的宠妃，从李隆基那儿得到的倒是不少，只是到最后也是以悲剧收场。武惠妃和杨贵妃的悲剧点是她们当初只看见了当后宫第一人带来的好处而无视了"从来闭在长门者，必是后宫第一人"这句话。说到底，如李隆基这样一个可以把同甘共苦三十年的原配给抛弃的男人本就是一个薄情郎。《长恨歌》中的李隆基只不过是一个经过艺术加工美化的文学形象，之所以白居易将李隆基美化至此，离不开唐人对开元盛世的那份追忆。"安史之乱"后，大唐再没有昔日的光彩，开元盛世之景成了人们记忆中零碎的片段，而人们总是喜欢美化自己的回忆。同当上天子后的李隆基不乐意回想自己灰色的童年一样，中晚唐的诗人们自然也不乐意成天面对"安史之乱"后衰败的大唐。

至于说为什么唐代诗人总是在歌咏李隆基与杨贵妃的过往之事，而丝毫不愿去写李隆基与王皇后、武惠妃等人的感情往事，一是因为李杨所谓的"爱情往事"正好伴随着"安史之乱",他们的故事见证了大唐由盛转衰的整个过程,故事性强,而且是悲剧故事,感染性强。二来写李隆基与杨贵妃的故事,若不隐去王皇后、武惠妃,又怎么美化李杨之间感天动地的爱情故事。再者,写王皇后和李隆基的故事,李隆基的形象怎么也美化不起来,横看竖看他都是一个富贵易妻的薄情寡义郎;写武惠妃和李隆基的故事,李隆基的形象不仅是富贵易妻的薄情寡义郎,还是为了小妾连亲生儿子性命都不要的坏爹爹。若照实写李隆基和杨贵妃,不隐去武惠妃、王皇后等人,李隆基的情圣形象绝对不是痴情的情圣,而是类似卡萨诺瓦①那样厚颜无耻的花心情圣。

比起唐代的诗人,宋代的诗人相对诚实得多,对玄宗朝往事往往直言不讳。比如徐钧的咏史诗《潘好礼》:"废王立武覆车同,抗疏精忠幸见从。若使荒淫终复谏,玄宗又是一高宗。"这首诗就直接讽刺李隆基废除王皇后后若改立武惠妃就是在走高宗的老路。再又如舒邦佐的《读开元遗事》云:"锦绷儿啼妃子笑,鸡头肉念禄山来。三郎若肯怜汤饼,岂被香囊作祸胎。"用王皇后父王仁皎赠玄宗"汤饼"的典故,讽刺了唐玄宗宠信杨贵妃及安禄山招致祸患的事实。

无论后世文人如何褒贬,杨贵妃死了,明皇李隆基也于宝应元年(762年)病逝,他们的故事在流传,而他们的人早已化作尘土,这世间的悲喜已与他们没有半点关系。

---

① 贾科莫·卡萨诺瓦(1725年4月2日—1798年6月4日),极富传奇色彩的意大利冒险家、作家、"追寻女色的风流才子",他以追求不同的女性且把这些女性当作恋人为乐,是18世纪欧洲著名的大情圣。

母凭子贵——元献皇后杨氏

题记：母以子贵，德以谥尊。

　　景云二年（711年）九月三日，李隆基的第三个儿子在太子东宫的别殿呱呱坠地，这无疑让平日沉闷、压抑的东宫平添了一份喜气。李隆基当即给他的小三郎取名为嗣升。说来嗣升的出生真不是容易的事，他差一点就被父亲李隆基扼杀在了母亲的肚子里。

　　自李旦即位起，太平公主和李隆基就拉开了权位之争的大幕。景云初年（710年），朝堂上太平公主的势力正当上风，而李隆基之前虽然通过诛灭韦后等人为自己建立了一定的威望和功业，但在政治上他始终是一个初出茅庐的新手，人脉无法和太平公主同日而语。而太平公主在"唐隆政变"之后对李隆基素有忌惮。李隆基的太子当了不到一年，太平公主就放出了"太子非长，不当立"的言论，不仅如此，她还常常派人监视李隆基，一有风吹草动就向唐睿宗打小报告。久而久之，东宫的人都暗地里持有两种态度，对太子的忠诚度也跟着大打折扣。太平公主有了唐睿宗李旦做靠山后，权势越来越大，东宫里那些首鼠两端的人渐渐地都靠向了太平公主那一边。由此，李隆基的窘境从朝廷进一步延伸到内宫。

　　这时，东宫的妃嫔中正好有人怀孕了。原本这是一个好消息，但李隆基却一点儿也高兴不起来。按照史书记载，李隆基非但不高兴，他还担心此事会旁生枝节，无端惹出祸事来，拖累怀孕的妇人。于是，李隆基考虑打胎避祸。犹豫之际，他找来心腹侍读张说商量这件事情该如何处理。

李隆基说："有人不希望我子嗣丰胤啊，我恐怕她会惹出祸端，说不定还会连累这个怀孕的妇人。"其实李隆基心里已经很清楚，他也已做出决定。张说也是明白人，为了东宫的安宁，他自然同意打胎之策。几天后，张说又借着侍读的机会，将打胎药带给了李隆基。

得药后，李隆基心中愈加笃定，支开左右，然后一个人悄悄地在内室烧火熬药。药还没有熬好，李隆基可能是因为多日思劳神倦，就伏案小寐了一会儿。忽然，他梦见一神人身披金甲，手拿长戈，围着煎药的锅转了三圈，然后把煮的药全都给倒了。李隆基醒来一看，果然药一点都没有剩。如是三回，李隆基感到很奇怪，第二天又召来张说商量。张说一听，立马说："殿下，这是天命，孩子不能打掉啊！"就这样，几经周折，被张说赞为"天命"的小三郎嗣升总算出生了，而他就是日后将李隆基拱上太上皇之位的唐肃宗。

显然这则被新旧唐书、《柳氏史》收录的故事，因为唐肃宗的关系被附会上了传奇的色彩。而故事中暗藏的女主角就是唐肃宗李亨的生母，在至德二年五月被大权旁落的太上皇李隆基根据"母以子贵，德以谥尊"追封为元献皇后的杨氏。李隆基的这次追封无疑是为了调节已然十分紧张的父子关系。另外，儿子虽然没有打招呼就坐上了皇帝之位，但作为父亲，李隆基还是有必要在这时候表达一下对儿子的支持，毕竟这时退居蜀中的李隆基只是失去权力的过时天子，且彼时天下大乱，人心惶惶，正需要军民团结起来奋力抵抗叛军，不能再落下天子父子失和的把柄。

元献皇后杨氏，弘农华阴人，曾祖是隋朝的名臣杨士达。天授年间，因为武则天母族的关系，不仅杨士达被追封为郑王，赠太尉，杨氏的父亲杨知庆也跟着升为了左千牛将军，赠太尉、郑国公。李唐复辟后，杨氏的姐姐当上了唐中宗故太子李重俊的太子妃。唐睿宗景云元年八月，杨氏选入太子宫。她凭着良好的出身，当上了太子良媛，先后产下了肃宗和宁亲公主。

按理说，杨氏作为高门大姓的国公女，她的出身在李隆基的后妃中应该说是相当不错了，但不错的出身并没有给她带来太多好运，甚至都没有给她带来多少优待。事实上，从开篇的故事里，我们也可以多少推敲出她在李隆基心里并没占多少分量。李隆基为什么不高兴杨氏怀上了自己的骨肉，还怕会有人会借此兴风作浪？这个兴风作浪的人会是谁？我想这个会借此兴风作浪的人一定不会是史书中暗喻的太平公主，因为太子良媛怀孕这一消息对太平公主来说根本没有利用价值。而且这样的消息不用打听，很快就会众人皆知。有人说太平公主可能会借此跟唐睿宗李旦告状，说太子不务正业，终日沉迷于女色，孩子都成堆生了。这种说法根本不成立，因为李隆基在景云元年只有两个儿子，连个女儿都没有，这时，一个有名份的侧室怀上了孩子，怎么能说是荒淫不务正业呢？东宫添丁，无论生男生女，李旦作为爷爷应该都会挺开心。至于说太平公主会阴谋毒杀杨氏而后借题发挥等等，这种说法同样不成立，因为太平公主没有这个动机，对她来说有工夫毒杀一个怀胎的太子良媛，不如直接毒杀李隆基来得实际。

若李隆基忌惮的人不是太平公主的话，那么不希望李隆基多子嗣的人又是谁？她凭什么有能力加害杨氏？要知道杨氏可是太子良媛，东宫的姬妾中比她位分高的，只有太子妃和良娣。李隆基不是没有太子良娣，他的两个太子良娣杨氏和董氏，除了《册封皇帝良娣董氏等诰》提到这两个人在李隆基继位后被封为董贵妃和杨淑妃外，别的没有任何记录。从零星的资料来看，看不出这两人有什么能耐足以让李隆基担心她们的行为会惹出大事。

想来想去，嫌疑人只有一个，她就是李隆基原配发妻王皇后。当时还是太子妃的王氏，在太子的东宫作为女主人有着绝对的权威。当时，她和她的哥哥都是李隆基政治集团的重要成员。王皇后作为上一次政变的参与者，"唐隆政变"之后她又把自己的哥哥引荐给了李隆基。"先天政变"之前，王皇后兄妹对李隆基的行动计划也都是知根知底的。此时，王皇后对李隆基的重要性不言而喻，非一个杨氏可比。按唐人笔记的说法，王皇后是一位颇为好妒的人。若王皇后因嫉妒而惹出什么事端，暴露了李隆基的计划，那么对李隆基来说，这确实是一个大灾祸。

王皇后的嫉妒心至于如此吗？这很难说。王皇后和李隆基是娃娃亲，从他们结婚到李隆基登基，二十九岁的李隆基只有三个儿子，连一个女儿都没有。生了儿子的妃嫔在先天元年都没有被册封为妃。而且李隆基的这三个儿子除了长子不知道生年，其余都是在李隆基二十六岁后生的。当然，我们可以理解成那时李隆基跟原配的关系实在太好，而原配王皇后又恰好不能生养。但有意思的是这三个孩子的出生或幼年都有些不太寻常的事情发生。长子李琮在幼年狩猎时，被貂划破了脸由此破相；次子李瑛母亲赵氏是歌舞伎，是李隆基出任潞州别驾时纳的姬妾，不知为何，李隆基明知她怀孕，却没有把她带回家，一直将她寄养在好友张暐的家中，未来的太子李瑛也是出生在张暐家里；三儿子李亨没出生就遇上了打胎一事。

以上种种，足能让人生疑，而更让人生疑的是李亨出生后王皇后成了李亨的养母。按照《新唐书》的说法，李亨出生后不久，李隆基找人为自己的儿子卜卦，卜卦的人说这孩子不宜由亲生母亲杨氏来抚养，于是李隆基就下诏让王皇后抚养李亨。这个说法部分内容与《张燕公集》所收录的《节愍太子妃杨氏墓志铭》有相似之处，但该墓志铭记载李亨并非由王皇后抚养，而是由杨氏的姐姐节愍太子妃抚养。《节愍太子妃杨氏墓志铭》记载说节愍太子妃杨氏是李亨生母杨氏的姐姐，杨氏生完李亨后，李隆基让人卜了一卦，说杨氏不宜养，所以下令把在襁褓中的儿子交由杨氏的姐姐节愍太子妃来抚养。这个说法颇为牵强，难保不是该墓志铭作者张说的杜撰之词。节愍太子妃何许人也？前面说过，杨氏有个姐姐嫁给了唐中宗故太子李重俊，这位悲剧的太子因为政变失败，不仅命丧黄泉，脑袋还被唐中宗拿去悬于朝堂之上，直至李旦上台后，才追封其为节愍太子，此时李重俊的遗孀杨氏也就理所当然地成了节愍太子妃。根据《节愍太子妃杨氏墓志铭》，我们可以得知节愍太子妃生前一直生活在宫外，就算卜卦说李亨生母杨氏不宜养，李隆基也没有道理将刚出生的儿子交给宫外的人来抚养。此外，张说为人喜攀附，王皇后被废后，坊间就一直传言他打算攀附武惠妃。其次，再考虑到开元十六年（728 年）杨氏的女儿宁亲公主下嫁给了张说的儿子张垍，张家与杨家有一层姻娅关系，所以张说在开元十七年（729 年）奉命为节愍太子妃作墓志时将王皇后鞠养之功转移到节愍太子妃杨氏身上也是完全有可能的。且此时王皇后早已被废为庶人，说皇子李亨由一个庶人抚养长大实在欠妥，节愍太子妃又是李亨亲姨娘，将王皇后的鞠养之功转嫁到节愍太子妃身上似乎也合情合理。

关于王皇后抚养李亨一事，《旧唐书》还有一种说法，说杨氏产子后，因为自己的品级低，王皇后又没有儿子，她不敢自己养儿子，于是将自己的儿子给了王皇后抚养。这个说法相对《新唐书》更为直白，联系之前发生的事情来看可信度也相对较高。

至于《节愍太子妃杨氏墓志铭》所说的，退一步说，就算李隆基曾经让宫外的节愍太子妃抚养过李亨一阵子，其中因由大概不是单纯因为卜卦，恐怕更多的是因为宫中有让他不安的因素在吧。而这个不安的因素，应该与王皇后的所作所为脱不了干系。

至于为什么王皇后要刻意针对杨氏而非太子的母亲赵丽妃，是因为唐人传奇《长恨歌传》里所说的"先是元献皇后、武淑妃皆有宠"吗？答案显然是否定的。历史中的杨氏，有关她的记载寥寥无几，除去家世和打胎事件，新旧唐书存在诸多差异，而且有张冠李戴之嫌。在正史中，她没有什么得宠的记载。唐书中她的传记里收入的"石兽涩兮绿苔黏，宿草残兮白露霏。园寝闭兮脂粉腻，不知何年开镜奁"，这几句辞都是从她姐姐节愍太子妃的墓志铭上拷贝过来的。换言之，唐书中的记载根本就是把节愍太子妃的墓志内容张冠李戴到了杨氏的身上。

虽然《节愍太子妃杨氏墓志铭》的作者张说有攀附杜撰之嫌，但墓志铭上的基本内容应该是有理有据的。所以，根据《节愍太子妃杨氏墓志铭》提供的信息，我们知道杨氏被选为太子宫良媛是在李隆基"先天政变"后，开元初年可能就已去世，死因不明。她在李隆基即位后封号是什么没有明确记载，但是几乎可以肯定的是她并未被册封为妃。

至于说为什么不得宠生子的杨氏反而受到王皇后的刻意针对，而得宠生子的赵丽妃却没有，主要原因在出身的高低。赵丽妃出身娼门，以她的出身，在重视门第出身的唐代，基本上没有被册封为皇后的可能性。出自娼门的她最初连良籍都没有，所以即便她的儿子当上了太子，她对王皇后也构不成太大的威胁。相反，杨氏的出身在李隆基的后妃里可以说是相当不错的，甚至可以说她的出身好过王皇后。王皇后的父亲王仁皎被封国公，那还是在女儿当上皇后之后的事，而杨氏的父亲本来就是一个国公。而且杨氏的父亲可是武则天的母族，武则天的外祖父是隋朝观德王杨雄之弟遂宁公杨达，可以说杨氏也算得是正牌的弘农杨氏，比起王皇后名为太原王氏实为乌丸王氏的门第来说要更为显赫。某种程度来说，无论杨氏是否得宠，只要她有了儿子，她的存在就会对皇后之位有冲击力，而且其力度远远高于赵丽妃这样出身卑微的人。良好的出身是把双刃剑，在无形中成了她人生的绊脚石，本来可以子凭母贵的人，最后成了母以子贵的代表。

值得一说的是，李亨对自己母亲的出身门第是相当认可的，甚至可以说很自豪。他每次看见弟弟延王李玢，都跟左右的人说："我跟这个弟弟格外亲近，因为我们的母亲都出自关中高门大族。"延王李玢的母亲柳婕好出自河东柳氏，父亲柳范在唐高宗时官至尚书右丞。一个是国公女的儿子，一个是宰相女的儿子，两人倒算是一对高门兄弟。

至德二年五月，介于唐肃宗已经登基，为了给儿子正名，李隆基不得不将杨氏追封为元献皇后，宝应二年（763年），她又被自己的孙子唐代宗追封为皇太后并祔葬泰陵。生前不幸的杨氏死后却交了好运，凭着母以子贵的光环，她成了皇后，也成了最后陪伴李隆基步入永恒的人。而这份幸运是李隆基生前最宠爱的武惠妃和杨贵妃都没有的，也是和李隆基同甘共苦三十年的王皇后没能得到的。不过，死后荣光，这对已故多年的杨氏来说大概也没多少意义了。

杨氏默默无闻且小心翼翼地过了短暂的一生，在她活着的时候，她得到了李隆基的多少慰藉？当她好不容易怀了孩子，李隆基却为不招致祸患，竟然直接让她吃药打掉腹中的孩子。而历尽波折孩子终于生下来了，又出于种种原因不能自己亲自养育。为了在后宫里能够生存下去，杨氏只能默默忍让。嫁给李隆基的杨氏，她的人生就是一个巨大的悲剧。而这悲剧的一生，岂是死后一个追赠的皇后之名可以弥补的。当然，有总比什么都没有好。

彩云易散——赵丽妃

题记：世间好物不坚牢，彩云易散琉璃脆。

自古燕赵多佳人，尤其是赵国，战国时，能歌善舞的邯郸倡就已经誉满天下了。后世不少倡优出身的后妃都来自赵国故地，其中最为著名的莫过于汉武帝的李夫人。当年李延年凭着一首《佳人歌》将自己的妹妹引荐给了汉武帝，成了汉武帝宠妃。千年后，如出一辙的戏码又要在大唐上演了。只是这场戏上演的地点不在长安琼楼玉宇的殿阁里，而是在铜鞮令张暐办的一场接风宴上。

景龙二年，李隆基被外放为潞州别驾，在铜鞮令张暐为他办的接风宴上，他被席间一个舞姿曼妙、歌喉清脆的美人吸引了。从此，这位被后世誉为多情种的帝王又结下了一段不知是对是错的姻缘。

这位美人出自天水赵氏，但她绝非高门女子。天水是赵氏的郡望，据说在秦国吞并六国的时候，赵王嘉的儿子带着一部分族人入西陇，居天水。自此，赵氏便有了天水这支郡望。追本溯源，赵美人可以算是汉武帝李夫人的半个同乡。若论家世，赵美人也可以说和汉武帝李夫人一样出身倡优之家。赵美人的父亲赵元礼只是一个卖艺的乐人，赵美人自然也是没有良籍的倡优。

博得李隆基的青睐，可以说是赵美人人生中决定性的大转折。虽然那时李隆基心里最为重要的人是他的妻子王氏，但是他对这位能歌善舞的赵美人也恋恋不舍。考虑到妻子的感受，李隆基并没有马上把赵美人接入府中，而是安置在张暐家里。

唐隆元年六月，李隆基清平内乱后，便将当年那个在潞州为他接风洗尘的铜鞮令张暐召入长安，将他提拔成宫门大夫。而之前被安置在张暐宅中生子的赵美人也被李隆基接入自己的府邸。从潞州舞姬到东宫的侍妾，再到李隆基继位后摇身一变成为天子的妃嫔，可以说赵美人的命运变化是翻天覆地的。赵美人在李隆基后宫最初的品级班次因为史料未载我们不得而知，但是唐朝是一个很重视门第出身的朝代，赵美人的伎人出身注定她最初在后宫的班次应该不会很高，可以确定的是在李隆基即位之初的先天元年，四妃的名额赵美人一个都没有摊上。但因为赵美人生了个儿子，班次想来也不会很低，毕竟赵美人生下的孩子李瑛在当时还是很得李隆基喜爱的。

一个人的出身是天生注定的，但是自身修养却靠后天养成。成了天子妃嫔的赵美人很注意自己的言行。先天二年三月六日，为了配合李隆基搞教化，王皇后恢复了亲蚕礼，赵美人也参加了这次亲蚕活动。因为在这次活动中遵守礼仪又懂得适时进退，博得了李隆基的褒奖。凭借着这次良好的表现，赵美人成功让李隆基和王皇后等人对她刮目相看。

开元元年，李隆基除去了太平公主的政治集团，将天下大权收入囊中。三十岁的李隆基开始考虑起了立嗣的问题。王皇后没有给李隆基生下一儿半女，没有嫡出之子，而庶长子李琮幼年时曾被动物抓伤了脸留下了消不去的疤痕，李隆基因此从没把这个破相的庶长子当作自己未来继承人的考虑对象，所以颇为得宠的赵美人的儿子李瑛作为皇次子首先在排行上占有一定的优势，加上李隆基又素来比较喜爱这个儿子，于是，开元三年正月，时年九岁的李瑛被李隆基立为太子。

故事到此，赵美人的未来可以用前程似锦来形容。遥想当年汉武帝的姐姐平阳公主府中那个卑微的歌女卫子夫之所以能独霸天下成为皇后，不就是因为她生下了儿子吗？虽然赵美人未在生子后被立为皇后，但自己的儿子当了太子，太子是储君，身为太子的李瑛可以说是大唐天下未来的主人，作为未来大唐天子的母亲，等待赵美人的自然是母仪天下的中宫之位。

可惜这只是赵美人一厢情愿的想法，事实却并非如此。李隆基虽然立了李瑛为太子，但是他却无心进一步提拔赵美人的家人。两唐书上说因为赵美人的关系，她的父亲赵元礼、兄长赵常奴都被李隆基授予了大官，然而，这个所谓的大官其实品级很低。开元四年，赵美人的哥哥赵常奴仗着自己是太子的舅舅欺压百姓，河南尹李朝隐认为这样的事若放任不管，以后就没有办法管理自己的辖地了。于是，李朝隐没向上禀告就把赵常奴抓了起来，依法对赵常奴执行庭仗。后来李隆基知道了这件事，特地给李朝隐颁了一道敕令嘉奖他执法公允。河南尹不过就是从四品下的官，李朝隐可以二话不说就将太子的舅舅赵常奴治罪，不仅因为赵常奴不法在先，更因为当时赵常奴的官职一定比河南尹低。按开元十六年李隆基下发的《皇太子纳妃敕》，可知赵常奴的大名叫赵回进，这位仁兄直到自己的外甥成婚时才被李隆基从五品的尚辇奉御提拔为三品官，可见在开元初年赵回进的官职很可能连五品都不到，因为整整十六年里他不可能一次升官的机会都没有。

赵美人的儿子被立为太子，但是享受真正的太子舅舅待遇的却是王皇后的家人。相比王皇后的父兄官职，赵美人父兄的官职可以说微不足道。开元年间，不但王皇后的父兄是一品国公，就连王皇后的堂叔王仁忠都因为皇后的关系被李隆基提拔为正三品的左千牛卫将军。赵回进在开元十六年前的官职和王皇后的妹夫长孙昕差不多，可是五品的尚衣奉御长孙昕却敢仗着自己是皇亲聚众殴打从三品的御史大夫李杰，其他人还拿长孙昕没办法，逼得被打者御史大夫李杰不得不亲自上殿去向李隆基告御状才替自己讨回了公道。

相比王皇后，太子生母赵美人在李隆基心中分量并不很重。毕竟王皇后不仅是李隆基发妻，更是两次政变的功臣。同样，王皇后的哥哥王守一不仅是李隆基的旧交好友，还是李隆基政变的功臣兼妹夫。于情于理，王皇后和她家人的待遇理所应当要远远高于其他妃嫔，毕竟皇后才是后宫真正的女主人，妃嫔终不过是帝王妾之命。

比上不足，但与李隆基其他嫔妃相比，赵美人心里很快就可以找到平衡点了。后宫中出身比赵美人好，班次品级不如她的妃嫔大有人在，甚至有不少出身高门的嫔妃会羡慕赵美人吧，因为以赵美人这种歌舞伎人的卑微出身，能成天子的妃嫔已然算是运气极佳了，要知道天下才貌出众的歌舞伎很多，但不是人人都有机会得见天颜，得见天颜者也不是人人都可以当上天子的妃嫔，而在天子的妃嫔里能生下儿子的又能有几个人呢？即使生下了儿子又如何，大唐的太子只有一个，早在开元三年正月就已经定下来了。作为太子的母亲，赵美人是拥有未来的，而且赵美人的未来是无数后宫佳丽所憧憬的，这其中就包括李隆基未来的贞顺皇后武氏。

自开元四年之后，随着李隆基对武氏的恩遇渐隆，别说赵美人了，就连开元初期李隆基最为重视的王皇后也逐渐淡出了他的心房。开元十二年王皇后被废之后，李隆基借机进行了一场后宫改制，将原先的贵妃、淑妃、德妃、贤妃改为惠、丽、华三妃。先前不知道班次品级的赵美人被李隆基提拔成一品的丽妃。虽然在王皇后之后代理后宫之政的是武惠妃，但是武惠妃的品级并不比她高。武惠妃虽然得宠，可未来还是在赵丽妃这里，因为太子仍然是赵丽妃的儿子李瑛。

如果说赵丽妃人生有两次最为风光的时刻，那么第一次无疑是自己的儿子被立为太子的时候，第二次便是被提拔成丽妃，惠、丽、华三妃的地位仅次于皇后。作为太子的母亲又被立为三妃之一的丽妃的赵氏，即便没有代理后宫，她在后宫的声望和待遇也不会低于武惠妃，毕竟惠、丽、华三妃的品级是一样的，只是排序有先后而已，在品级上，赵丽妃并不比武惠妃低。

可惜"世间好物不坚牢，彩云易散琉璃脆"，美好时刻往往是短暂的，在当上三妃后不久，赵丽妃的身体就垮了。开元十四年七月十四日，三十四岁的赵丽妃在东都的春华殿逝世。在此之前，病入膏肓的赵丽妃为了自己死后可以步入极乐净土，她早就选择了捐生入道，并且在临死前向李隆基请求去礼而薄葬。李隆基同意了她的请求。同月二十六日，赵丽妃被安葬在北邙。

痛失红颜的李隆基下敕让当时赫赫有名的"燕许大手笔"之一的宰相张说为赵丽妃写了神道碑的铭文，并且赐赵丽妃谥号"和"。

纵观赵丽妃的一生，虽然芳魂早逝，但她也算相当幸运了。先是以伎人的身份跻身于后宫，后又因儿子被封太子而获得妃位，最后死在三妃的位置上，也算死对了时候。若晚个十一二年，眼见自己唯一的儿子李瑛含冤而死，白发人送黑发人，那么那时的她又会是什么样的境况呢？

唐代人喜欢以汉喻唐，唐玄宗时代很多诗人在诗歌中以汉武帝来暗喻李隆基，如王昌龄《青楼曲》的"白马金鞍随武皇"，又如杜甫《兵车行》的"武皇开边意未已"，这两处的"武皇"指的都不是汉武帝，而是李隆基。其实，如果将李隆基比汉武帝，那么相比李夫人，卫子夫恐怕更适合与赵丽妃作比较，只是赵丽妃没有卫子夫那样幸运，能当上皇后，但她比卫子夫幸运的是没有多活那十多年，不然她怕是也逃不了眼见自己的儿子蒙冤而无力辩护，最后只落得自尽以志其清白的命运。

人生斯世兮如轻尘——皇甫淑妃

题记：人生无根蒂，飘如陌上尘。

　　后宫中总是不乏一些出身良好的佳丽。这些佳丽入宫前往往是父母双亲的掌上明珠，备受亲朋的关注。然而，当这些佳丽奉诏被选入宫中之后，她们原本光鲜的人生便如同在陌上飘零的尘埃一般变得平凡无奇。皇甫氏可以算是她们中间的一个，但她又比那些完全默默无闻的佳丽幸运些。尽管她的人生同样飘摇若尘，但起码她曾经有过闪光的时候。

　　皇甫氏，其名不详，安定人。她的曾祖父皇甫烜曾任宋州刺史，祖父皇甫粹官至越州刺史、都督诸军事，父亲皇甫日休为左监门卫副率。皇甫氏是皇甫家的长女。这样的家世乍一看很显赫，若放在宫外，皇甫氏的家世应该会被许多年年苦恨压金线的贫家女羡慕，而在宫闱之中，拥有这样家世的良家子实在太多了，胜过她家世的人也太多了。十六岁就被选入临淄王藩邸的皇甫氏，之所以可以得到李隆基的瞩目，这同她的出身没有什么关系，更多的是因为她天生丽质的好模样，按照她的墓志的说法，皇甫氏生前可是一位冰肌玉骨的美人。

　　年轻貌美是女人的本钱，但不是永远的本钱。凭借良好的容貌受到李隆基宠幸的皇甫氏在李隆基开元正位后，位列九嫔。不久后，皇甫氏又为李隆基生下一子一女——子鄂王李瑶，女临晋公主。此刻的皇甫氏要比大部分后宫佳丽幸运，但是她在李隆基心中的分量还是很轻。开元三年正月，赵丽妃的儿子被立为太子。那一刻应该有不少人会觉得落寞吧，一个出身低微的伎人，她的儿子压倒了那些高门贵女所生的儿子，而且这种压倒是决定性的，君臣的名分从那刻开始就被框定住了。如果说皇甫氏的儿子的人生在那一刻止步于亲王，那么皇甫氏的人生则止步于妃嫔。

开元四年后，随着李隆基对武惠妃恩宠渐隆，王皇后失宠了，赵丽妃也失宠了，皇甫氏自然逃不过红颜未老恩先断的命运。不过皇甫氏比较幸运的是，无论后宫女主人是谁，都不会影响到她的品级班次。李隆基后宫改制前她是九嫔，后宫改制九嫔变成六仪，皇甫氏被封为德仪，品级班次一点儿也没有变。

有时做不了宫中第一人也是一种幸运，毕竟高处不胜寒，越是受人瞩目的位置就越难坐稳。同王皇后、赵丽妃相比，皇甫德仪的幸运之处就是她现在不是后宫第一人的皇后，未来也没有可能成为太后，远离权力纷争，她即便失了宠，也不至于完全恩断义绝，落入万劫不复的境地。

开元二十三年十月，皇甫德仪在东都病逝。据说在她去世前，李隆基很担忧她的病情，曾亲自为她送药。皇甫德仪也是在服完这御药后，安然离世的。

皇甫德仪死后，李隆基下制追封她为淑妃，将她安葬在河南县龙门之西北原。在皇甫德仪去世两年后，她的儿子鄂王李瑶因与太子李瑛交好，被武惠妃设计谋害。她的女儿在开元二十五年十二月被册封为临晋公主，次年下嫁于郑潜曜。郑潜曜是李隆基妹妹代国长公主的儿子，其人是唐代有名的大孝子，《孝义传》上就有其名。据说开元年间，代国公主生了病，郑潜曜作为儿子自然侍奉左右，忙得一连三月都没空洗脸。之后，母亲病重，郑潜曜就在神龛前写血书祈祷，愿以自己的命换母亲的命。郑潜曜作为孝子不仅对母亲特别孝顺，对已故的妻母也算颇有孝义，《唐故德仪赠淑妃皇甫氏神道碑》便是他托叔父郑虔的故交杜甫写的。

河东柳家娇女儿——柳婕妤

题记：彭泽有情还郁郁，隋堤无主自依依。

故事的开头有些啰唆。话说睦州刺史柳齐物出身河东世家大族，其父柳范在唐高宗时官至尚书右丞。柳齐物本人样貌洒脱俊逸，为人处世不拘一格，能耐更是江南才子中的佼佼者。他的诗咏精绝一时，加之柳家本是世家大族，富贵之家，柳齐物也算得上是当时那些高门子弟里声名远播的人物了。一次，他因故被调到帝都长安，听闻帝都有一位名妓叫娇陈，其人姿容才艺俱佳，乃是帝都豪富子弟争相追捧的对象。同是富家子的柳齐物当然是不甘落于人后，他也造访了娇陈，结果对娇陈一见倾心。而久经风月的娇陈起初并没有把柳齐物当一回事，她对柳齐物开玩笑说："若是柳郎能备上锦帐三十重来，我就愿奉事郎君终身。"言者无心，听者有意。次日，柳齐物果真就将锦帐三十重送到了娇陈跟前。娇陈不禁大吃一惊，因此对柳齐物刮目相看。于是，她遵守先前的约定嫁入柳家。

大概是因为娇陈的名气实在太大了，就连先天元年刚继位的天子李隆基也听闻过她的美名，甚至想招她入宫，让她常侍左右。得知此事后，娇陈自知宫门一入深如海，不想从此和柳郎做路人，于是，她上殿面圣的时候，就哭着对李隆基说自己年老色衰，体弱多病，实在配不上陛下，没有资格入宫侍奉陛下。李隆基也是明白人，他知道强扭的瓜不甜，娇陈这样说其实是不想离开柳家，便不再强求。但是李隆基提出了个条件，他说："朕听说柳家的姑娘不少品行贤德，你为朕推荐一位合适的人入宫吧。"

见李隆基答应了自己的请求，娇陈自是感恩戴德，对李隆基的要求不敢怠慢，于是推荐了柳齐物的妹妹。这位柳姑娘刚入宫就被李隆基册立为婕妤。柳婕妤因为出身世家，又有才学，一直深受李隆基的敬重和爱戴，为李隆基生下了长女永穆公主和第二十子延王李玢。

这则故事出自《因话录》，它的作者赵璘是德宗时宰相赵宗儒的侄孙，他的母亲柳氏正好是唐玄宗柳婕妤的从曾侄孙女，这则故事的可信度还是比较高的。

相信故事看到此处，很多人会觉得柳齐物的妹妹应该是一个妙龄的小娘子。如果按照唐书的说法，柳婕妤是柳范的孙女，那么她初入宫闱时确实应该是一个妙龄小娘子。然而，事实并非如此，柳婕妤并不是柳范的孙女，而是女儿。初入宫闱的柳婕妤，非但不是什么妙龄少女，很可能比时年二十九岁的李隆基还要大个十来岁。

第一，根据《大唐王屋山上清大洞三景女道士柳尊师真宫志铭》上面所提供的世袭资料，可确定柳齐物和柳婕妤是柳范的子女无误。

第二，柳范生卒年不详，他在史书中第一次出场是贞观十一年（637年），注意贞观十一年和先天元年相隔七十五年。那时还是侍御史的柳范向唐太宗打小报告说吴王李恪畋猎扰民一事。侍御使是一个从六品下的官，这官职不高不低，所以不太可能是一个初入仕途的人所任之职。换言之，贞观十一年任侍御使的柳范年纪起码也有二十五岁左右。

第三，根据《河东柳郡君墓志》亦可知柳范的另一个女儿河东柳郡君卒于开元六年，其年已经七十六岁。

以上三条，首先可以明确柳范应该是一个挺长寿的人。其次，柳齐物和他妹妹柳婕妤的年纪在先天元年也都不会太年轻。也许有人会问柳婕妤会不会是遗腹子，年纪比她的哥哥姐姐们小很多，毕竟皇上所求的是柳家的美人，柳齐物将上了年纪的妹妹进献给李隆基，这未免也太奇怪了吧，难道他不怕触怒龙颜吗？虽然我们不知道柳婕妤和李隆基之间的年纪差到底是多少，也不知道柳齐物为什么会把自己这个妹妹进献给李隆基，但是可以肯定的是柳婕妤初入宫闱的年纪一定不会是很年轻的姑娘，起码不会是二八年华。还有一点可以肯定的是柳婕妤绝对不可能是柳范的遗腹子，因为《因语录》提到了柳婕妤还有一个妹妹嫁给了赵氏，而且这个妹子生性巧慧，据说她改良了唐代印花染色中的夹缬技术，趁着柳婕妤过生日的机会进献了一匹新式样的布匹给王皇后，李隆基见后觉得不错，嘉奖了她，并下敕让宫中的布匹依照她的新式样做。①

综合推测，柳婕妤入宫时的年纪可以说是一个不折不扣的大龄女子了，相对后宫那些年轻貌美的妃嫔，柳婕妤的存在显得有些特殊，因为她很可能是在李隆基的后妃中最为年长的一位。而这位年长的婕妤入宫后，因为自己的家学渊源，加上她本人的才华，颇得李隆基敬重。

柳婕妤入宫的故事和晋武帝召左芬为贵嫔的故事有些相似。晋武帝并不在意左芬的样貌，明知道左芬和她的才子哥哥左思一样缺少一张漂亮的脸，但是晋武帝还是因为赏识左芬的才华而纳娶了她。其实，李隆基最初打算找娇陈入宫，他所看重的可能并不是娇陈的美貌，而是她的才情，毕竟当时娇陈已经做了多年柳婕妤的嫂子，她的年纪也不会多么年轻，早已是半老徐娘了。而娇陈最后向李隆基推荐柳齐物的妹妹，想来也不是因为柳家没有正值妙龄的女子，更多的或许还是因为柳婕妤本人的才学和品行。事实证明，柳

---

① 《唐语林》引《因语录》云："玄宗时柳婕妤有才学，上甚重之。婕妤妹适赵氏，性巧慧，因使工镂板为杂花之象而为夹缬。因婕妤生日献王皇后一匹，上见而赏之，因敕宫中依样制之。当时甚秘，后渐出，遍于天下。"

婕妤后来被李隆基所看重也是因为她的才学。至于柳婕妤在被娇陈推荐给李隆基之前有没有婚史就无法考证了，窃以为是没有的，若是有，就算唐书未写，《因话录》的作者赵璘也不会不写，毕竟赵璘是柳婕妤的亲戚，这柳家的事情会比较清楚。没有婚史的话，那为什么柳婕妤这么大岁数一直没有嫁人？或许这恰恰是因为她是一个有才学的女子。在唐代，有才学的女子不嫁人的大有人在，比如《女论语》的作者宋氏五姐妹，她们就是唐德宗时期很出名的才女，而她们为了著书立说都不愿嫁人。可见，唐代的女性并不是人人都以结婚生子作为人生最大的目标。柳婕妤作为一位有才学的女性，她也未必是一个结婚狂。终究才女是有个性的人，当然也不会甘心嫁给匹夫。

容貌再美，终究会随着年纪的增长而消失，一个人的学识才是真正不变的美丽。或许柳婕妤在容貌上比不得那些正当妙龄的女子，但是她的学识怕是胜过她们不少，因此李隆基给柳婕妤的待遇并不输给那些年轻貌美的妃嫔。

开元十年，柳婕妤所生的皇长女永穆公主到了出嫁的年纪，李隆基特别喜欢这个女儿，甚至打算为爱女办一场堪比当年太平公主婚礼一般风光的仪式，但被僧一行给劝阻了。僧一行的理由是太平公主之所以会造下不少祸事，就是因为高宗和武后过于宠爱，如果李隆基待永穆公主也像当初高宗和武后待太平公主一样，以后公主骄奢跋扈该怎么办？李隆基听取了僧一行的建议。但是永穆公主作为皇长女，她的婚礼即便没有依照太平公主的婚礼规格来举办，依旧十分风光。次年，李隆基南郊祭天的时候，还特地赏赐了永穆公主的驸马王繇不少东西。永穆公主的儿子王潜出生三日就被李隆基赐予绯衣、银鱼等物，这是四品官才有的待遇，可见李隆基确实很宠爱永穆公主这个女儿。开元十八年八月二十九日，李隆基还亲自带了许多人去永穆公主家看望这个宝贝女儿。燕国公张说诗《晦日诏宴永穆公主亭子赋得流字》云："堂邑山林美，朝恩晦日游。园亭含淑气，竹树绕春流。舞席千花妓，歌船五彩楼。群欢与王泽，岁岁满皇州。"

　　开元十二年，王皇后被废之后，那些先天时期得幸的妃嫔很多都失宠了，但李隆基对柳婕妤似乎自始至终都很敬重。在武惠妃生皇十八子寿王李瑁之后，柳婕妤终于生下了一个儿子，即皇二十子延王李玢。自此后，柳婕妤便消失在了史书中，开元十四年初李隆基搞了一场后宫改制，婕妤的封号被李隆基去除，史书并未记载婕妤的封号被废除后柳婕妤新的封号，如果柳婕妤活到了那个时候，她的新封号会是什么？这是一个谜。

　　李隆基与柳婕妤的故事其实谈不上有多少爱情，但是从柳婕妤的角度，她也算是人生赢家了，毕竟以大龄女子身份进宫，还赢得了皇上的敬重，不仅如此，她还替李隆基生下了两个孩子，人生可谓传奇。

　　而李隆基对柳婕妤的感情，这可能更让人难以捉摸。

镜中花水中月——梅妃

题记：假作真时真亦假，无为有处有还无。

在褚人获的《隋唐演义》里，李隆基的前生是上清境的孔升真人，杨玉环的前世则是被他点化的仙鼠。两人的缘分在仙界就已注定，颇有些"木石前盟"的意味。既然有"木石前盟"，那么也少不了"金玉良缘"，所以褚人获又给李隆基添了一段仙缘，他将李隆基被贬下人间的缘由写成孔升真人因思凡心重，无事与蕊珠宫仙女调笑，由此，不仅孔升真人被贬下了凡间，与之调笑的蕊珠宫仙女也无端受累跟着被贬下凡。这位被贬下凡间的蕊珠宫仙女便投胎做了李隆基的梅妃。

梅妃，其人不见于正史，但是后世笔记小说中梅妃其人却频繁出现。最早记载梅妃故事的是宋代无名氏所撰的《梅妃传》。按照《梅妃传》提供的信息：梅妃本姓江，是福建莆田人。她的父亲叫江仲逊，世代行医。她九岁时就能背诵《诗经》，取名"采苹"。开元年间，高力士出使闽、粤一带，见其貌美，就将她带回了长安，并献给了李隆基，善于文辞的她在李隆基身边很是得宠。因为她生性喜爱梅花，住的地方遍植梅花树，李隆基便戏称她为"梅妃"。后来杨贵妃进宫，梅妃就秋扇见捐，失宠了，被迁入上阳宫。被迁入上阳宫后，梅妃先是作了一首《一斛珠》来劝谏李隆基，希望可以让李隆基回心转意，后来又写了《楼东赋》自寄情怀，但李隆基并未因此回心转意。直到安禄山起兵，李隆基弃都出逃的时候，他还是没有想起梅妃。没能出逃的梅妃在"安史之乱"中遇害。待杨贵妃马嵬坡身死，李隆基重返长安时，他才想起梅妃，得知梅妃的死讯后，李隆基痛苦欲绝。

从《梅妃传》来看，在杨贵妃入宫前，梅妃可以说是李隆基最为宠爱的妃子。杨贵妃出现后，梅妃失宠，但是她高洁矜持的个性和杨贵妃奢靡轻佻的做派形成了鲜明的对比，后世不少的文艺作品大都沿用了这一思路，梅妃的形象就像是杨贵妃的对立面。比起轻浮的杨花，高洁的梅花自然博得了不少文人墨客的青睐。于是，象征高洁矜持的梅妃和杨贵妃一样都成了李隆基后宫中被热议的人物。

但是我们从历史的角度来看《梅妃传》，很快就能发现梅妃其人其实是文人墨客制造出的一个镜花水月一般的幻影。首先根据现有的史料，高力士本人根本就没有在开元年间出使过闽、粤，所以说高力士出使闽、粤，遇见梅妃，将其带回长安献给李隆基，这根本就是无稽之谈。其次，梅妃若真有其人，在开元年间十分得宠的话，恐怕新旧唐书也不会只字不提。最后，《梅妃传》本身就疑问重重，关于它的作者就是一个谜。据说《梅妃传》最早的故事蓝本来自南宋嘉定年间一本叫《莆阳比事》的笔记，其中载有一则名为《梅妃入侍》的故事。从南宋到盛唐相隔年代甚远，这期间几乎没有关于梅妃的文字资料，尤其是在唐代，根本就没有任何记载。所以，可以这样说，梅妃其人只是宋代文人制造出来的一个文学形象。

然而，这个文学形象未必完全没有原型。开元初年，李隆基的后宫里确实有一位颇有学识的妃嫔，她就是前面提到的柳婕妤，其人出身高门，以博学多闻受到李隆基的格外敬重，但是柳婕妤应该在开元年间就死了。《梅妃传》中，天宝时期杨贵妃所嫉妒的梅妃，原型很可能是天宝时期被调入上阳宫的宫人。白居易在《上阳白发人》中写道："未容君王得见面，已被杨妃遥侧目。妒令潜配上阳宫，一生遂向空房宿。"这些被杨贵妃调入上阳宫的宫人，据说都是后宫中极有姿容的人。

关于《梅妃传》中说的江采苹九岁就会吟诗，这点又有几分像唐太宗的贤妃徐惠。按照唐书的说法，徐惠四岁的时候就会背诵《论语》、《毛诗》，八岁的时候，她的父亲徐孝德让她模拟《离骚》作一首诗，结果八岁的徐惠真的写出了一首绝妙的小诗："仰幽岩而流盼，抚桂枝以凝想。将千龄兮此遇，荃何为兮独往。"徐孝德惊异于女儿的才华，知道女儿终有一日会被众人所知，果然，没过几年，徐惠便以她的才华为时人所知，还被唐太宗召入了后宫。《梅妃传》中说江采苹的父亲江仲逊见自己的女儿九岁就能吟诗，他的惊异程度也丝毫不亚于徐孝德，由此给女儿取名采苹。除此之外，作者假托江采苹这个虚构人物所写的《一斛珠》中"长门自是无梳洗，何必珍珠慰寂寥"的词句也颇有几分徐惠所写《长门怨》中的"一朝歌舞荣，夙昔诗书贱"的意味。

也许梅妃这个文学形象中确实夹带了些初唐后宫才女徐惠的身影，但徐惠在唐太宗的后宫里一直都比较得宠，从未有过秋扇见捐的时候。相比之下，江采苹那秋扇见捐的命运倒与汉成帝班婕妤有几分相似。早年班婕妤在汉成帝那儿也算是宠冠后宫的人物，只是后来汉成帝有了赵飞燕赵合德姐妹，班婕妤也就失宠了，而过程也与《梅妃传》里的江采苹有些相似。因为有许多诗词拿赵飞燕暗比杨玉环，所以《梅妃传》作者刻意将赵飞燕的对手班婕妤的一些典故转化到江采苹这个虚构的人物身上也是有可能的。

正所谓"假作真时真亦假，无为有处有还无"，梅妃本是一个文人塑造的文学形象，但是因为她的故事生动惹人怜，所以她的知名度竟盖过了那些历史上真正存在过的后妃们。

胡旋女，真耶？假耶？——曹野那姬

题记：生若浮萍，事事成谜。

　　胡旋女，胡旋女。心应弦，手应鼓。弦鼓一声双袖举，回雪飘飘转蓬舞。左旋右转不知疲，千匝万周无已时。人间物类无可比，奔车轮缓旋风迟。曲终再拜谢天子，天子为之微启齿……

　　白居易笔下那些"徒劳东来万余里"的胡璇女无疑是长安城里一道亮丽的风景。李隆基时代流行着两种舞蹈，一种叫软舞，另一种叫健舞，前者旋律悠扬，舞姿飘逸柔美，后者节奏明快，舞姿苍劲有力。李隆基所钟爱的胡旋舞，就是后者健舞的代表。在长安最为擅长跳胡旋舞的莫过于那些从西域来的胡旋女。

　　我们要介绍的这位叫作曹野那姬的姑娘很可能是那些胡璇女中的一员，因为善跳胡旋舞被李隆基相中。

　　关于曹野那姬的身份有几种推测，一说她是从丝路上贩卖来的胡姬，一说她是长安土生胡，还有一种说法，称她是西域曹国进献的舞姬。笔者以为她是曹国所进献的舞姬的可能性相对大一些，因为和曹国所进献的舞姬相比，无论是从丝路上贩来的胡姬还是长安土生土长的胡女，她们胡旋舞跳得再好，恐怕得见天颜的机会也不会很大。而且天宝四载曹国国王哥罗仆禄呈贡表称："我们一直对天可汗忠心耿耿，从未受到什么征伐，希望陛下慈恩，将我们视为大唐的一个小州，陛下想要驱逐谁，我们一定竭力帮助大唐征讨。"既然曹国国王有称臣之心，曹国向大唐进贡胡旋女也是很自然的事情。

　　但无论曹野那姬是以何种身份何种机缘来到李隆基身边的，她在后宫的命运依旧如浮萍一般。一个妖艳善舞的胡姬对李隆基来说开始是新鲜的，但时间久了，原本的新鲜感也跟着渐渐没了，最终这位妖艳的丽人也没有躲过秋扇见捐的命运。相对那些后宫里有封号失宠的妃嫔，这位丽人在失宠后境遇如何就不得而知了，想来也不会好到哪里去，因为曹野那姬连"宝林"这样最低级别的封号都没有，何况她终究是一个异乡人，在不同的文化环境下，她被李隆基抛弃后怕是连可以诉苦的人都很难找到，且人在他乡本就有一种不可言说的孤独感。

　　李隆基是一个爱屋及乌的人，相对的，他不爱的女人，就连这个女人给他生的孩子他也一并不待见。曹野那姬的女儿虫娘，因为母亲的失宠加之她本身就是早产儿的关系，生来就被父亲李隆基厌恶，小小年纪就被父亲安排到宫内道观生活。直到李隆基退位成为太上皇，大限将至的时候，方才想起这个可怜的女儿。于是，李隆基嘱托自己的孙子李豫继位后别忘了照顾好虫娘。人之将死其言也善，作为父亲的李隆基临终时还放不下曾经被自己嫌弃的女儿，从这点来看他也并非十分无情之人。后来，几经周折，虫娘才被唐代宗李豫封为寿安公主，最终以公主身份嫁到了如意郎君。

　　在大明宫中的曹野那姬就像一只困在笼中的金丝雀，相比起来，寿安公主还是比较幸运的，因为她最终飞出了大明宫这座宏大的鸟笼。

奇说怪谈——刘华妃、莫才人、王美人

题记：姑妄言之姑听之，料因厌作人间语。

武周时代的国教是佛教，因为至高无上的女皇自诩是弥勒的转世。当时代又转回到了李唐，道教又恢复了它正统的国教地位。李唐建国之初，高祖李渊自诩是老子李耳的后裔，所以李家皇帝重道教，李隆基的祖父唐高宗李治将老子追尊为"太上玄元皇帝"，到了李隆基这一辈，老子的尊号已然不是六个字可以概括的，天宝十三载（754年），李隆基将老子加尊为"大圣祖高上大道金阙玄元大皇太帝"。

有唐一代，李隆基算是最为崇道的皇帝了，因此，在唐宋文人的笔记里关于李隆基的志怪奇说很多，其中有三则故事跟李隆基的后妃有关。

第一则故事来自唐代戴孚所著的《广异记》，故事的主人翁是刘华妃。刘华妃虽贵为一品内命妇，但是正史上却名不见经传。两唐书里关于她的内容也是寥寥无几，只记载了她先后为李隆基生下了庆王琮、荣王琬、仪王璲三个儿子，在这三儿子里，荣王李琬比较得宠，除此之外，再无其他记载。刘华妃死后，葬在长安附近。

唐人笔记《广异记》载，开元二十八年，有一群吃了熊心豹子胆的盗墓贼为了钱，竟然打起了刘华妃墓的主意。这一伙人为了不让别人发现自己盗墓的恶行，他们先在刘华妃墓附近做了一个假坟来掩人耳目。而后，他们在假坟里挖了一个长达百米的地下盗洞，通往刘华妃的墓室。得手后，这一群盗墓贼打开华妃的棺椁，霎时，惊人的一幕出现了，已经逝世多年的刘华妃肉身不仅没有腐烂，而且面容栩栩如生，四肢还能弯曲。一般人多数会被这墓中发生的奇事给吓到，然而，贪婪好利的盗墓贼满脑子只有金钱，当他们看到刘华妃手腕上闪闪发亮的金钏时，原本的恐惧被贪婪的欲望驱走。为了从死人身上抢走东西，这伙人不惜辱尸，斩断了刘华妃的手臂。可真当他们斩断刘华妃的手臂拿走金钏时，这群不敢打活人主意的好利之徒又突然后怕起来。他们担心刘华妃的鬼魂会托梦给她儿子李琮，这群无耻的盗墓贼又把刘华妃的舌头割了下来，目的是让她的鬼魂无法说话。可鬼魂并不需要用舌头说话，当这伙盗墓贼肆意地在刘华妃墓里搜刮宝物的时候，刘华妃的鬼魂也飘入了儿子李琮的梦里。在李琮的梦境里，披头散发的刘华妃哭着对儿子说道："有一群可恶的盗墓贼正在我的墓中大肆搜刮宝物，他们凌辱了我的遗体。我的遭遇如何才能让人知道呢？儿啊，明天那伙盗墓贼会从春明门回城。他们的行径会在那里败露。"随后，刘华妃又在梦里给儿子描述了那些盗墓贼的模样。次日清晨，从梦中哭醒的李琮一上朝便将这事禀告给了父皇李隆基，李隆基于是派人去查看，果然刘华妃的墓被盗了，华妃的遗体也受到凌辱。堂堂天子的妃嫔竟然被人盗墓不说，还被辱尸，这对李隆基来说无疑是奇耻大辱。勃然大怒的李隆基立刻下令彻查此事，很快那群盗墓贼便在春明门落网了。

原本那些盗墓贼想将盗得的宝物先转移到了假坟中，次日装到送葬车上从春明门回城。他们自以为自己的计划天衣无缝，就像他们以为割去死人的舌头死去的人就无法托梦给活人一样。世上没有不透风的墙，要想人不知除非己莫为。最终那些贪婪无耻的盗墓贼为了他们的贪欲付出了生命的代价。

第二则故事来自唐代段成式所著的《酉阳杂俎》。这则故事算不上志怪传奇，只能说是趣事奇说。话说开元年间，有一天李隆基的大哥宁王李宪在鄠县的山中狩猎，策马在树林里穿梭时，忽然看见草丛中有一只大柜子，上面的锁看起来特别坚固。出于好奇，李宪让仆从将柜子打开，想要一看究竟。打开柜子，李宪等人不禁大吃一惊，柜子里装的竟是一位美艳的女孩。李宪询问女孩从哪里来，女孩说自己姓莫，父亲也曾任过官职，昨夜突然遇到一伙盗贼，将她抢劫到这里。盗贼中有两个人还是和尚。

女孩峨眉微蹙地向宁王李宪诉说此事，她明艳的面容不断变换着表情。李宪看得入了神，由此对这个女孩心生怜爱之意，于是，他便将女孩载入车中，一同回府。回府前，出于惩恶心理，宁王李宪设计了一场恶作剧式的惩罚，他命人将当时正巧猎到的一只活熊放在柜子里，再按原样锁好。

回府后不久，宁王就将这位美艳的莫氏女进献给了李隆基，并上表言明了她的来历。三天后，京兆尹向李隆基禀报了一桩奇事，说是鄠县一家旅店来了两个和尚，他们抬着一只大柜到旅店，以作法事为由，用一万钱包租了一个房间。到了当晚夜深，只听到和尚包住的屋子里传出"膈膊"的声音，好像有人在厮斗一般。店主当时就感到很奇怪，但是又不方便去询问，生怕因为自己无知的过问影响到和尚做法。可到了天大亮时还不见两个和尚开门出来，店主终于忍不住让下人去打开门一探究竟。门刚一打开，一只熊就从屋里冲了出来。再往里看，两个和尚均已死在屋里，且死状甚惨，浑身让熊撕咬得骨头都露了出来。李隆基知道这件事情后，忍不住笑出了声。他立马写了封信告诉宁王李宪，说："大哥处置这两个花和尚的办法真是好啊！"

因祸得福的莫氏女进宫后因为样貌好，又天生有一副好嗓子，得到了李隆基的垂青，没多久就被封为才人。莫才人会唱三秦民歌，时人称之为"莫才人啭"。

第三则故事在唐人笔记《开天传信记》和《封氏闻见记》中都有记载，可是这两本笔记里都没交代故事里女主人翁的姓氏，只是说李隆基后宫中的一位美人。宋人所著《绀珠集》提到该名美人姓王。至于说这位王美人和两唐书所载生陈王李珪的那位王美人是否是同一人，这就不得而知了。

故事里的王美人曾在梦中被人邀到一个地方，秘密幽会，纵酒作乐，饮酒完毕才归来，醒来之后就大汗淋漓，神情倦怠。如此数次，王美人觉得这事实在怪异，便一五一十地告诉了李隆基。而故事中的李隆基对道法颇为了解，他猜想这多半是术士所为。于是，他跟王美人说："下次你如果再被邀去，你去了后，就随便拿东西做个记号，必有办法知道这是怎么回事。"

当晚王美人入梦后，又有人找她去饮酒密会。王美人去了以后，便按照李隆基教给她的做法，她看见砚台，便将手浸于墨中，将沾有墨的手掌印在屏风上，屏风因此留下墨手印。醒来后，王美人将这事告诉了李隆基，李隆基命人以掌印为据，秘密地搜寻，果然在东明观里找到了那个带掌印的屏风，而观中做贼心虚的道士早已逃走。

这三则故事或真或假，均是唐人笔记中的志怪杂说。姑妄言之，姑且听之，可信其有，亦可信其无。

石头记——高婕妤、张美人、杨淑妃

题记：碑刻春秋，石记人生。

　　青史留名是一种幸运，也是一种荣耀，因为留名青史的人不会随着时间的流逝而被人们忘却。然而，世上可以留名青史的人是少之又少。后宫中那些艳丽的佳人们，她们虽然贵为天子的嫔御，但她们也同世上的绝大多数人一样淹没于历史，真正可以在史书中留下一些事迹和名姓的，只有零星几人而已，大部分的嫔妃其人生遭际如何，我们不得而知。

　　但伴随着近代考古发掘，一些后妃墓志铭的出土，给我们解开了不少谜团。在那些冰冷的大石块上，我们可以从上面的铭文中探得那些生活在重重宫闱里生前极尽荣华的人他们的人生到底是怎么样的。

　　李隆基第十三子颍王李璬的母亲高婕妤就是因为墓志铭的出土才为人所知。高婕妤，来自渤海高氏，和北齐皇族高家算是远房亲戚。渤海是高氏最大的郡望，隋唐之际，渤海高氏可谓是人才辈出。唐太宗的皇后长孙氏的母族就来自渤海高氏。高婕妤的出身并不差，但是她初入宫闱时，李隆基给予她的封号并不是很高，仅仅是一个五品才人。当然，五品的才人作为起步也不算很低，毕竟当年武则天刚入唐太宗后宫时也只是一个五品才人。

　　高才人生性淡泊，为人机敏少言，从不沾惹后宫中的纷争事端，因此李隆基对她十分赏识，曾几次想提升高才人的班次品级，但回回都被高才人婉拒。在高才人看来，提升班次品级固然是好事，但越是往上升越容易从上面摔下来，如果真的摔下来了，必然是攀得有多高就摔得有多惨。毕竟高处不胜寒，品级班次上去了，牵涉的后宫纷争自然也会跟着多起来。当你只是一个才人，没人会多在意你的一举一动，也没有人会特别嫉妒你的存在；但当你位分变高，成为皇后或贵妃，你的存在就会招来他人异样的目光，哪怕你什么都不做，你也一样会招人嫉妒，因为后宫女人们都想爬上更高的位置，都希望把别人往下拉，当大明宫的女主人大唐的皇后或者大唐皇帝的宠妃谁不愿意，所有人都巴巴地盼望着。人活在世多一事不如少一事。生性淡泊的高才人也是看得明白且看得开的聪明人，所以在后宫中她一直都秉持着谦让的态度。因此，高才人显得没有什么存在感觉。也因为没有存在感，她生活得远比王皇后、武惠妃、赵丽妃等人要轻松。

开元二十七年六月十日，高才人平淡、安稳地走完了她的一生，在长安别宫辞世，享年四十六岁。又一个开元初入宫的故人走了，年近六十的李隆基在感伤之余又有一丝欣慰，因为这回高才人再也无法拒绝他提升品级的好意了。七月，李隆基追封高才人为婕妤，将她安葬在了新丰县的少昌原。

有人说平淡是福，但不是每个在平淡中度过一生的人都有福分安享太平。在平淡中度过了四十六个春秋的高婕妤在李隆基的后宫中算是有福之人了，毕竟活着的时候能得李隆基赏识，且几乎没有卷入任何后宫争端，死后也没有被李隆基遗忘。做一个默默无闻的人，高婕妤算是幸运的。然而，和她一样通过出土的墓志铭才为后世人知晓的李隆基的另一个嫔御张美人就没这么幸运了。

张美人，小字七娘，她没有什么显赫的家世背景，更谈不上什么高贵的出身。她的父亲张元福不过是南宫县一个小小的县令。开元元年四月四日，张美人因为出众的姿容才貌被李隆基召入后宫。宫门一入深似海，从此张美人和家里断绝了联系。幸运的是张美人因为姿貌出众，得到了李隆基的青睐，入宫不久便被封为美人。美人，这个品级在开元初年的时候为四品，高于才人、低于婕妤的美人在后宫里算是一个不上不下的封号。对于出身一般的张氏来说，美人这个品级已然不错了，何况这只是一个起步。从起步来说，张美人可能比高婕好要走运些。

可惜刚刚起步的张美人没多久就被李隆基遗忘了。最终做了十二年美人的张氏，在大明宫的妃嫔院中默默无闻地孤身离世，享年不过二十四岁。从开元元年进宫到开元十二年离世，享年二十四岁的张美人在后宫里度过了自己一半的人生。宫中的十二年是平淡的，但是这平淡的日子对张美人来说未必好过。被天子遗忘的年轻美人，夜夜斜倚熏笼坐到天明也等不来天子的大驾光临，这样的生活无疑是度日如年，张美人心中的怨愤可想而知的。

活着没有等来天子再临的张美人死后却得到了天子的追悼。李隆基得知张美人亡故的消息后，他想起了与这位美人往昔的恩情，于是，为了悼念英年早逝的张美人，李隆基为她举办了一场很隆重的葬礼。李隆基这人呢，有时候真的很喜欢给人发临终安慰，或者说他总是在别人死后才能想到别人的好。

不过，李隆基并不是回回都会给故去的妃嫔发临终安慰奖的。接下来要介绍的杨淑妃就没有。

杨淑妃，字真一，出自弘农杨氏。曾祖父是开府仪同三司、郑国公杨崇敬，祖父是使持节太州刺史杨志诚，父亲是兵部郎中、昌宁伯杨徵。杨真一的出身可以说是相当显赫，《唐故淑妃玉真观女道士杨尊师墓志铭并序》称赞她的家世说："祖德家声，播于今古矣。"墓志铭中的赞扬之词，套用李旦的《册封皇帝良娣董氏等诰》来说，就是"门袭钟鼎"。因为良好的出身，杨淑妃早就是李隆基的太子良娣。在李隆基登基后，她很顺利地被封为了淑妃。

然而，关于杨淑妃的史料记载仅见于《册封皇帝良娣董氏等诰》的零星内容，直到《唐故淑妃玉真观女道士杨尊师墓志铭并序》出现才让人们知道原来杨淑妃的人生并不平坦。凭借着高贵的出身，加上自身良好的修养，年轻的杨淑妃不仅得到了较高的封号，还一度得到了李隆基的宠爱。这其中，她最大的优势大概就是她的门第，因为论歌舞，当时宫中第一的必然是赵丽妃；论学问，当时宫中第一的应该是柳婕妤；论颜值，那么李隆基的后宫中就没有丑女。其实论门第，后宫中高门出身的女子很多，但不是每个高门背后都有政治依靠，因为并不是每一个高门家族都会参与政事，成为朝中炙手可热的一员。杨淑妃的家族恰恰是当时热衷政事又炙手可热的弘农杨氏。

从《新唐书·宰相世系》可知，杨淑妃有两个叔父，一个是左武卫将军杨泚，另一个是光禄少卿杨均，杨均又恰好是唐中宗皇后韦氏的面首，杨家人在唐隆到先天这段时间同想要成为天下之主的韦后、太平公主等人关系都很密切。凭着这些关系，杨淑妃初入李隆基的后宫就得到了不错的待遇。但是世事难料，开元之前的大唐政局动荡，杨淑妃的叔父杨均因为站错了队，涉嫌勾结韦后毒弑中宗，在"唐隆政变"中被诛杀。李隆基先天正位后，开始清算杨家，杨淑妃家里上上下下的人都受到了牵连。在杨氏家族危亡之际，刚当上淑妃的杨氏为了家人跟李隆基求了情，李隆基当时确实因为杨淑妃的关系，宽免了杨家的人，但是经此一事，他和杨淑妃的关系也发生了变化，简而言之，他和杨淑妃渐行渐远了。

之后，随着年龄渐长，杨淑妃大概也意识到朝野和后宫争斗的险恶，没有一儿半女的她在失宠加失势的情况下，无奈选择了出家入道。远离后宫争斗的杨淑妃在道观里平平淡淡地生活了很长一段时间，直到天宝八载六月二十四日，在长安的景云观去世。对此，彼时正和杨贵妃在蜜月期的李隆基并没有任何表示，而杨淑妃的亲人感念她为杨家做出的贡献，操持了她的丧事。同年八月十日，杨淑妃被安葬在了咸宁县洪原乡少陵原，享年五十八岁。

碑刻春秋，石记人生。史书是记载国家大事的，它不可能去记载每个人的生命故事，而墓志铭则是一本个人的史书。无论墓志铭文辞多寡，它都记载了亡者或长或短的一生。那些四四方方的石头上铭刻的是每一个人不灭的青史。

贰

红
颜
录

人生多是崎岖路——太平公主

  若问中国历史上最显赫的公主是谁，答案只能是太平公主，因为不仅她的父亲和两个哥哥都是大唐的天子，她的母亲还是中国历史上唯一的女皇，而她本人曾离主宰天下的至高权位也只有一步之遥。然而，作为历史上最显赫的公主，她的人生却并非如人们猜想的那样一帆风顺，甚至连她的名字史书中也没有记载。后人根据唐代崔融所著的《代皇太子上食表》中的"伏见臣妹太平公主妾李令月嘉辰降嫔公族"推测太平公主本名为李令月。不过也有学者认为"令月嘉辰"是一个词组，不是太平的名字。为了行文方便，下文中我们姑且称她为令月吧。

  麟德元年（664年）二月十一日，李令月出生了。唐高宗和武则天都很喜欢这个小女儿，尤其是武则天。对武则天来说，她很喜爱这个小女儿，不仅因为小令月状貌类己，还因为在此之前她为了皇后的宝座不惜亲手杀死自己刚出生不久的女儿嫁祸王皇后，用女儿的性命换取皇后宝座的武则天内心对女儿一直都有种愧疚，在小令月出生后第二个月，她就让唐高宗追封早夭的长女为安定思公主。

  在父母宠爱下成长的小令月，她永远都不会知道她之前那个倒霉的姐姐是怎样早早就夭亡的。因为有武则天的庇护，生活在阳光下的小令月也不会知道在深宫幽暗的角落里有哪些见不得人的肮脏勾当。小令月的童年可以说是快乐无忧的，直到有一次她去外祖母荣国夫人家玩，她随行的侍女们被她的表哥贺兰敏之强奸。这桩事情对小令月来说无疑是一个巨大的童年阴影。唐高宗和武则天知道后，勃然大怒，下诏将贺兰敏之流放。

咸亨二年（671年），荣国夫人去世，按照唐代的惯例，时年八岁的小令月出家入道为自己的外祖母荣国夫人祈福。作为唐高宗和武则天的爱女，小令月的待遇和其他出家入道为先人祈福的小公主明显不同。小令月虽说是女道士，但她不用真的去道观过道士的日子，她一直都留在宫里过着小公主的生活。直到仪凤年间，吐蕃派使者来大唐求婚，点名要嫡公主和亲。堂堂的大唐天子怎么可能让自己的爱女去和亲，更别说嫁到吐蕃那么遥远的地方了。但考虑到吐蕃和大唐的外交关系，唐高宗和武则天又不好当面直截了当地回绝。于是，他俩想出一个办法，就是让小令月真的出家，以此为由来回绝吐蕃使者。为了忽悠吐蕃人，唐高宗和武则天专门为小令月修建了一个"太平观"，据说太平公主的名号便是由此而来。吐蕃人见此，自然也就不再强求了。太平公主虽然成功地躲过了和亲，但是不得不真的搬去道观，过起了道士的生活。

若干年后，已经出落得亭亭玉立的太平公主开始为自己的婚事犯愁了。继承了武则天容貌的太平也继承了武则天的智慧，在一次宴席上，太平公主刻意穿着一身戎装，在武则天和唐高宗的面前跳起了健舞。不明就里的唐高宗和武则天笑问道："女子又不能做武将，我的好女儿啊，你为何一副男儿的打扮？"太平公主机智地回答道："女儿是不能当武将，但是陛下可以把它赐给我未来的驸马吗？"

知道女儿的心思后，唐高宗便开始替太平公主挑选驸马。在诸多的翩翩佳公子中，唐高宗相中了自己妹妹城阳公主的儿子薛绍。对于这门亲事，太平公主本人并未反对，反而是武则天有意见，她不满意的原因是薛绍的两个哥哥薛顗、薛绪的妻子萧氏和成氏出身并不显赫，自己的女儿可是大唐的公主，怎么能和这种低门小户出来的人做妯娌？

乌鸦飞上枝头变成了凤凰就会忘记自己曾经是乌鸦，这话用在武则天身上一点儿也不假。贵为皇后的武则天嫌弃萧氏和成氏的门第太低不配跟自己的女儿做妯娌，可是我们尊贵的皇后，当她还在做唐太宗才人的时候，她的门第也没有高到哪里去。武则天的父亲武士彟本来只是隋末的一个木材商人，在唐高祖李渊晋阳起兵的时候因为资助过李渊才在李渊建立大唐后混得了一官半职。武氏本身也谈不上高门，只不过武则天当了皇后之后让人重修了《姓氏录》，从此武氏也成了天下第一等的高门大姓。"高门出身"的武则天不想让自己女儿受委屈，她甚至想下令让薛家把那两个门第不够显赫的儿媳都给休了。好在这时有人劝阻了她："萧氏是萧瑀的侄孙女，萧瑀是南朝梁明帝萧岿之子，他姐姐是前隋的皇后，他本人又是凌烟阁的功臣，而且他的儿子还娶过公主。萧家不是什么低门小户，也算是皇家的老亲戚了。"话说到这份上，武则天才打消了让薛家另两个儿子休妻的想法，同意把女儿嫁过去。

永隆二年（681年）七月二十二日，这应该是太平公主人生中最幸福的时刻了，因为在这天，十八岁的太平正式下嫁给了薛绍。他们的婚礼极为盛大，万年县衙的门都不够让太平公主的翟车通过，于是只能把墙拆了，这样婚车才勉强能够通过。那天的长安，从兴安门南至宣阳坊西，一路灯火通明，路边的槐树大多都被路上的火把烤死了。这场婚礼的规模可以说是前无古人后无来者。数十年后，当李隆基想给自己的爱女永穆公主举办一场跟太平公主规格相同的婚礼时，僧一行就劝阻说太平公主的婚礼太过奢华，高宗和武则天太宠溺公主，以至于后来生出许多祸端，不可仿效。换个角度来想，太平公主的婚礼过了这么久还能被后人作为规模宏大的婚礼的参考标准，可见其规模之大。

一个完美的婚礼加上一个如意的郎君，太平公主的人生到此，可以说是近乎完美。但是好时光总是有限的，这种幸福的生活只持续了七年。

唐高宗驾崩后，武则天步步为营开始实行自己的女皇计划，这无疑让她和李氏亲族的关系越来越僵。越王李贞等人更是公然反对武则天，甚至拉起了一支队伍。垂拱四年（688 年），薛绍的两个哥哥薛顗、薛绪因为参加了越王李贞的队伍，行动失败后被杀。薛绍虽然没有参与行动，但因为两个哥哥的关系，他被连坐进了河南狱。托太平公主的福，薛绍没像他的两个哥哥一样立马去见阎王，但是他也逃不过一死。武则天并没有因为女儿的哀求而放过薛绍，只是考虑到薛绍是太平公主的丈夫，不方便当众处刑，于是，她决定活活饿死薛绍。这样做有两个好处：第一，保全女儿的面子。毕竟薛绍是驸马，他被当众处刑的话，太平公主脸上也无光。第二，饿死也比较好向女儿解释，饿死只是一种结果，造成这个结果的原因不一定就是被迫的，也可以是自己绝食嘛。反正武则天是不会把真相跟自己女儿说明白的。

薛绍死后，武则天为了安慰太平公主，她破例将太平公主的封户加到一千二百户。金钱财富，真的安慰得了一个公主吗？且不说太平公主这样的天之骄女，就是一般的公主，生来也不缺少富贵，何况"天地之间，莫贵于人"，金钱财富和生命比起来，当然是生命重要。作为不可一世的女皇，武则天可以说是非常之人，她的价值观自然也不是一般人可以理解的。因为一般的父母是不会为了博取自己的美好未来而拿自己的亲生骨肉做垫脚石的，俗话说得好，虎毒尚且不食子。但是这话对武则天来说得视情况而定，食不食子，取当下形势是否需要。很多人会替武则天辩解，说武则天是天生的政客，政客不都是这样的吗？作为女皇，武则天有时不得不狠，而且她的手段很多男性帝王也用过啊！可事实上，能像武则天那样为了自己的利益不惜拿自己骨肉做垫脚石的男性帝王也是很少的。对亲生儿女尚且如此，何况儿媳、女婿了。

薛绍死后不久，武则天就开始为太平公主重新选夫婿了。为了政治需要，武则天希望自己的女儿嫁一个武氏子弟。最初武则天相中了自己的侄子武承嗣，因为武承嗣在武则天女皇计划的实行过程中出了些力，他也算得上是武家新一代里比较有能力的。失去了薛绍，畏惧母亲的太平公主虽然不得不听从母亲的安排，但是她又实在看不上武承嗣，矮子里挑高个，太平公主相中了武则天的远房堂侄武攸暨。太平公主的这个小反调在武则天完全可以接受的范围内。只是有一个小麻烦，那就是武攸暨已经结婚了。为了让自己的女儿能够如愿嫁给武攸暨，武则天干脆处死了武攸暨的妻子。死了妻子的武攸暨自然也无可选择的余地，他只能娶太平公主。太平公主和武攸暨的感情比不了薛绍，但也不能说没有感情，两人生了二男一女。武攸暨这人天生好脾气，无论成婚后太平公主是包养面首还是干预政治，他都不加干预。

天授元年（690年）九月九日，年近花甲的武则天在众人的瞩目中登上皇帝宝座，改国号为周。李唐王朝从此成了过去式，武则天的辉煌影响了一代人。看着母亲登基的太平，不知道这时她会不会想起当初自己一身戎装时父母回应她的话——女子又不能做武将！女子不能做武将，但女子却可以做大周朝赫赫的天子。女子既然可以做天子，那么天下也就没什么事情是女人不能做的了。受母亲影响的太平公主在这时开始大力涉足政事。

天册万岁元年（695年），太平公主设计帮助母亲武则天除掉了她越来越不安分的男宠薛怀义。两年后的万岁通天二年（697年），太平公主又为武则天荐男宠张昌宗。太平公主开始渐渐崭露头角，随着她参与政事的程度加深，她的食邑也逐步增至三千户。但是在母亲女皇的光环下，太平公主参与政事只能算小打小闹。

武则天的时代里，杰出的女性有很多，太平公主、上官婉儿、韦后等等不可谓不优秀，但是在武则天的时代里，她们都只是女皇的陪衬。好在和女皇相比，她们都拥有青春。在武则天去世后，太平公主和唐中宗的皇后韦氏各自开始了一场女皇的模仿秀。

神龙元年，李唐复辟后，韦后便说服自己的丈夫唐中宗李显将圣驾从洛阳搬到了长安。洛阳从武周王朝的神都又变回大唐王朝的东都，天下至高的权柄又回到了长安。但是长安城里并没听到当年李唐欲得天下时所传唱的《桃李子》的歌声，取而代之的是歌颂韦后的民歌《桑条韦》。伴着《桑条韦》的曲声，韦后依葫芦画瓢学起了自己的婆婆武则天。而她所做的一切对李家人来说实在太过熟悉了。

太平公主也好，相王李旦也罢，他们谁都不是傻子。明白了韦后的用意，李家人也开始准备了。尤其是太平公主，在武则天时代，因为母亲的关系，她不敢走向政治的前台，李唐复辟后，太平公主已无顾虑，她完完全全从幕后走了出来。但凡韦后能做的事情，太平公主也能做。为证明这点，太平公主也跟韦后一样开始卖官鬻爵，刚刚复辟的李唐还没来得及实现中兴就多了一打"斜封官"。

神龙三年七月，太子李重俊发动政变。政变失败后，韦后和她的宝贝女儿安乐公主想趁机陷害太平公主与相王李旦，于是，他们让人诬告太平公主、相王李旦等人与太子李重俊是同谋，幸亏当时的审官御史中丞萧至忠是太平公主心腹，他哭着对唐中宗进谏说："陛下富有四海，怎么就不能容一弟一妹，而使人罗织加害他们呢？"唐中宗听了萧至忠的劝告，心生恻隐，这事就不了了之了。毫无疑问，经此一事，太平公主和韦后的关系完全对立化了。

景龙四年（710年）六月，迫不及待要做女皇的韦后毒杀了自己的丈夫唐中宗李显。韦后疯狂的行为让她原来的盟友上官婉儿彻底背叛了她。在后宫中早已学会审时度势的上官婉儿和太平公主走到了一起，她们矫拟了一份唐中宗的遗诏，立温王李重茂为皇太子，皇后参知政事，相王李旦参谋政事。这道"遗诏"的内容显然不是韦后所期望的。既然太平公主和上官婉儿可以按照她们的想法来写皇上的遗诏，韦后当然也可以按照自己的想法来。于是，韦后的党羽把遗诏中相王李旦参谋政事的内容去掉了。这无疑又激化了韦后和太平公主等人的矛盾。

其年七月，早已对韦后忍无可忍的太平公主和李隆基等人一起策划了诛杀韦后的行动，一举消灭了韦氏的党羽，并且亲手将李重茂拉下了皇位，拥立相王李旦为新的大唐天子。踏着韦后失败的头颅向上爬的太平公主开始了自己的女皇秀。

太平公主因此功劳实封又加五千，累积到了万户，她的三个儿子也都被李旦封了王。然而，这只是一个开始。新上台的的天子李旦因为忌惮自己功高震主的儿子李隆基，所以政治上很袒护太平，但凡有事，他必会先找太平公主商量，而后再是他的儿子李隆基。相比李隆基，李旦对太平公主的意见更为听从。只要是太平公主推荐过来的人，李旦几乎没有不任用的。太平公主在朝堂上也算风光得意正当时。如果要说还有什么事情能让太平公主不顺心的话，那么大概就是李隆基的存在了。

"唐隆政变"之初，太平公主一度认为李隆基仅是一个涉世不深的黄毛小儿。在她的眼里，那时的李隆基可能和唐中宗的太子李重俊差不多，只是一个满腔热情想要复兴李唐其实什么都不懂的傻小子，所以李旦刚即位那会儿，太平公主并不反对立李隆基为太子。可是当李隆基做了太子后，太平公主很快便发现自己错误估计了李隆基的能力。新上任的太子是相当有主见的人，和李重俊相比，李隆基实在精明太多了。于是，太平公主生出废李隆基太子之位的决心。

为了把李隆基从太子之位上拉下来，太平公主放出了"太子非长，不当立"的言论。为此，夹在儿子和妹妹中间的李旦不得不颁布制书来平息各种流言蜚语。然而，梦想着当女皇的太平公主并没有因此罢手，她反而变本加厉到亲自乘辇车在光范门拦住宰相，暗示他们应当在朝上提议改立太子。这一行为让在场的宰相们都震惊了，宰相宋璟质问道："太子不仅没有犯过什么错，还为大唐社稷立过功劳，公主何以轻言废立？"

被宋璟的话堵了回来的太平公主还是没有死心。延和元年（712年），太平公主又找来一个术士向李旦进言："彗星经天，这预示着帝星有难，天下又要辞旧迎新，太子将夺其位。"太平公主本想用这话来挑拨李旦和李隆基的关系，借机将李隆基从太子的位置上拉下来。机关算尽的太平公主还是棋差一招。夹在儿子和妹妹中间的李旦早已无心做夹心饼干了，他正好借坡下驴，真的将皇位传给了李隆基，自己当起了太上皇。

从此，太平公主的好运也渐渐走到了头。这年，她好好先生一般的丈夫武攸暨去世了，可忙着和自己侄子争权的太平公主没有时间为丈夫的去世伤心太久。次年七月，太平公主计划想要发动一场兵变，把李隆基从皇位上拉下来。可惜她的计划还没来得及施行，就被李隆基先发制人。失败后遁入山寺的太平公主最终没能逃过一死。太平公主的女皇秀结束了，大唐的红妆时代也画上了句号。事实证明，女皇只有一个——武则天，而且不可复制。

纵观太平公主的一生，看似一帆风顺，其实满是荆棘。生在天下最为富贵的人家，其人生也未必有多幸福。

称量天下的女相——上官婉儿

在某些典籍中，历史上许多大人物出生的时候都会伴有一些奇异的景象，被后世喻为女中宰相的上官婉儿自然也不例外。据《新唐书》记载，婉儿的母亲郑氏妊娠时，曾梦神人赠秤，道："持此秤足以称量天下。"无疑，这显然是史书为婉儿的传奇人生刻意增添的神话桥段。

婉儿出生后不久，她贵为宰相的祖父上官仪因为替唐高宗起草废后诏书而触怒了武后，不仅上官仪本人身首异处，就连他的儿子上官庭芝也跟着送了命。上官家官运算是到头了，上官氏族人皆被没了良籍，成为宫中的奴婢。原本该是相府千金的婉儿，没享几天福就变成了掖庭奴婢。这种强烈的身份落差带来的耻辱感，年幼的婉儿是感受不到的，但作为卑贱的宫婢，低眉折腰侍奉着权贵长大的婉儿，当她知道自己的身世后，这种身份落差带来的耻辱感想来必定是加倍的，因为她知道如果她的祖父没有在当年那场政治争斗中站错队，她现在的生活将有翻天覆地的变化。

过去的事情是改变不了的，但是可以改变现在及未来。发奋图强的婉儿在自己十四岁的时候，凭借自身出众的文采迎来了人生第一个转机。略带讽刺的是赐予她这次转机的人正是她不共戴天的仇人武则天。当仇人成为自己的伯乐，婉儿应该何去何从？这对婉儿来说是一个没有选择余地的选择，因为一个卑微的宫婢根本就没有抗拒女皇的能力，更加没有憎恨女皇的资本。想要改变自己现在卑贱的命运，洗去家族曾经的屈辱，婉儿所能做的只有攀附武则天这棵大树。

在武则天的提拔下，婉儿从卑微的宫婢成了掌管宫中诏命的女官，她的文辞也被更多人青睐。曾经风靡一时的"上官体"又重新获得了众人追捧。"汉家婕妤唐昭容，工诗能赋千载同。自言才艺是天真，不服丈夫胜妇人。"这是晚唐诗人吕温给婉儿写的诗。上官家只剩下了一个女儿又如何，婉儿的文采不逊于任何丈夫，她一样可以将上官家文风发扬光大。自古从来不乏才女，才女中更加不缺少女诗人，比起汉家班婕妤那因失宠而秋扇见捐的《自悼赋》等自哀自怜的诗作，婉儿的诗歌文章更多了一分豪迈的气概。在后宫环境中长大的婉儿，并非一般娇弱高傲的才女，她通达干练，更为务实。

可就是这样，年轻的婉儿还是犯了错误。据两唐书的记载，婉儿曾因为忤旨被黥面。对于此，两唐书上并没有说明婉儿是因为什么而忤旨的。后世的文人墨客发挥了他们丰富的想象力，在不少的小说里，作者们总是将婉儿脸上的黥迹和武则天的男宠张昌宗联系在一起，而被套用最多的桥段，无疑是婉儿和张昌宗背着武则天暗生私情，武则天发现后，气愤地将婉儿关了起来，而当尊贵的女皇几经思量最后决定不与之计较，命人释放出婉儿的时候，婉儿的脸上莫名其妙就多了一个象征屈辱的黥迹。有人妄加评议，说这是武则天所为，其目的是为了惩戒婉儿，告诫她不要背着她老人家胡作非为。后来可怜的婉儿记住了教训了，为了遮掩脸上难看的黥迹，她发明了红梅妆。

事实上，按照唐代笔记的说法，贴花钿这种化妆手法是婉儿发明的不假，但其目的并非是为了遮掩脸上的黥迹，而是为了遮掩脸上的疤痕。而且这个疤痕和张昌宗毫无关系，也不是武则天所为。据载，在武则天还是天后的时候，婉儿已经荣幸地成了武则天的御用女秘书。每当武则天协同唐高宗和宰相们议事时，婉儿就躲在案裙下面给武则天做书记。一次不幸被唐高宗察觉了，退朝后，气愤的唐高宗便拔出金刀插在婉儿的脸上。事后，婉儿为了遮掩脸上的疤痕，发明了贴花钿的化妆手法。

世上的事情总是这么奇妙，想当年上官仪因为支持唐高宗废后而得罪了武则天，最后被武则天杀死，而他的孙女上官婉儿却因为给武则天做秘书而得罪了唐高宗，因此在脸上留下了一道不可消去的疤痕。

脸上的疤痕可以用贴花的方法来遮掩，但有些伤疤是任何方式都无法遮掩的，比如韶华暗逝。上了岁数的武则天坐拥天下，但是她没有了青春。作为女皇，她可以用一切最好的东西来装点自己，但是她再也找不回曾经的青春年华，她只能眼睁睁地看着自己老迈而无能为力。但凡是人都不免生老病死，即便是天子也不例外。神龙元年，以张柬之等人为首的五王政变成功了，李显再次登上帝位，李唐王朝复辟了。年迈的女皇在洛阳的上阳宫去世，武周王朝彻底落幕，但由她开启的红妆时代并没有就此结束，因为李显的皇后韦氏想做第二个武则天。

正当世易时移之际，原本不知道该何去何从的婉儿收到了韦后发来的英雄帖。面对现任皇后开出的优厚条件，终于有能力选择人生的婉儿放弃了留在洛阳做武则天最后忠臣的机会，她跟着唐中宗和韦后去了长安。

托韦后的福，婉儿很快就被唐中宗提拔为二品昭容，专掌诏命。当上昭容后，婉儿又获得了出宫居住的权力。韦后对婉儿的重视度甚至胜过武则天，她不仅将婉儿视为自己的内宰相，还对婉儿几乎言听计从。比起武周时期女皇陛下的私人秘书，婉儿自己怕是也觉得给如今的皇后做内宰相更为风光吧。不仅婉儿本人地位提高了，就连婉儿的祖父上官仪也被昭雪，追赠为楚国公；婉儿的父亲上官庭芝也跟着被追赠了天水郡公的头衔；昔日曾梦神人赠秤的郑氏更是因为自己的女儿当上称量天下的内宰相，被唐中宗封为沛国夫人。此时此刻，上官婉儿终于成功地洗去了家族曾经的屈辱，现在婉儿的生活彻彻底底告别了"卑贱"二字。

掌握了权力之后，婉儿也开始像武则天、韦后等人那样肆意地为自己找起了情人。她的情人中有风流倜傥的才子崔湜，也有单纯为了政治需要，巩固地位而不惜肉体布施的武三思。对于这些情郎，婉儿的回报向来很慷慨。她帮着崔湜升到了宰相，又帮着武三思拉拢韦后。同时，为了武三思，她还在自己执笔的诏书中刻意扬武抑李。久而久之，婉儿和韦后的所作所为终于引起李家人的不满。神龙三年七月，对此忍无可忍的太子李重俊发动了兵变，在诛杀武三思父子后，婉儿成了他下一个搜捕的对象。

万般无奈的婉儿急忙逃到韦后和李显身边，向他们谏言道："我看太子这次是想先杀了我，接着便是皇后和陛下了。"婉儿是聪明的，即便是在慌乱之中，她也可以一语中的找到韦后和李显的软肋。被婉儿激怒的唐中宗拿出天子该有的气魄，登上玄武门城楼，号召城下士兵："你们都是朕的士卒，为什么要背叛朕呢？如果你们能杀掉谋反的人，不必担心没有荣华富贵！"在天子允诺的荣华富贵的诱惑下，李重俊手下士兵纷纷倒戈。最后，得到天子庇护的婉儿活了下来，而李重俊的兵变则以失败告终。这场兵变后，婉儿开始重新审视自己的处境。平心而论，婉儿是感激韦后的，但感激不等于要拿自己的生命冒险。认识到继续跟着韦后可能会有生命危险的婉儿开始将自己依附的对象换成太平公主，而对此全不知情的韦后继续做着她的女皇美梦。

唐隆元年，迫不及待要做女皇的韦后毒弑了唐中宗李显，打算自己临朝称制。出于对婉儿的信任和需要，该事韦后并没有刻意隐瞒婉儿。婉儿当年不愿做武周最后的忠臣，现在更不会为了别人的女皇梦拿自己的性命开玩笑，当下保住自己的性命和富贵才是最重要的。知道韦后计划的婉儿很快便把自己所知的事情告诉了太平公主。

于是，背着韦后，婉儿开始和太平公主密谋。她们两人一起私下矫拟了一道唐中宗的遗诏，但被对此诏不满的韦后删改，由此矛盾激化。七月二十日，太平公主和李隆基合谋发起了诛灭韦氏的政变，婉儿亲自执烛率宫人迎接李隆基等人，并将自己和太平草拟的那份没有被韦后改动的遗诏献给了李隆基，以示自己忠于李氏的立场。

然而，这次婉儿却聪明反被聪明误。李隆基发动政变的目的是将自己的父亲推上帝位，一道只写着李旦辅政而由李重茂即位的诏书对李隆基来说不仅没有什么价值，反而是负累，所以李隆基是无论如何都不会承认这道遗诏的。本想着通过献唐中宗遗诏来表明自己忠于李氏的婉儿，最终只跟李隆基表明了她是太平公主的同伙。出于政治需要，李隆基不得不将婉儿斩于旗下。

就这样，上官婉儿沉浮的一生结束了。开元初年，李隆基感念上官婉儿的文采，让人将婉儿的作品编撰成《唐昭容上官氏文集》二十卷，并让当时的文坛领袖张说为其作序。只可惜此文集最后也散佚了，她的诗作《全唐诗》中现仅存三十二首。

淡扫蛾眉朝至尊——虢国夫人

虢国夫人承主恩，平明骑马入宫门。

却嫌脂粉污颜色，淡扫蛾眉朝至尊。

——张祜《集灵台》

许多人对虢国夫人的第一印象都源自于晚唐诗人张祜的这首《集灵台》。所谓"集灵台"，其实就是华清宫的长生殿，《旧唐书·玄宗纪下》载："新成长生殿，名集灵台，以祀天神。"晨曦初透，美丽的虢国夫人策马扬鞭，急匆匆地奔入宫门。她马上绰约的风姿无须任何粉饰就美得足以让众人瞩目。用宋玉的话来说，如虢国夫人这般的美人是"著粉则太白，施朱则太赤"，什么妆都不化才是她最美丽动人的状态，胭脂水粉对样貌平平的女子是美丽的修饰，而对天生丽质的美人来说仅是画蛇添足罢了，所以美丽而自信的虢国夫人就这样不施粉黛进宫朝见天子了。北宋人乐史的《杨太真外传》载："虢国不施脂粉，自炫美艳，常素面朝天。"由此便有了"素面朝天"这一成语。

然而，这位敢于素面朝天的女子因为什么事情一清早就匆忙进宫，张祜在《集灵台》里并没有交代，后世人因为诗中开头那句"虢国夫人承主恩"而揣测李隆基和虢国夫人存在一种暧昧关系，甚至有人怀疑天宝五载李隆基和杨贵妃第一次感情风波就是这位美丽的杨三姨造成的。宋代诗人刘鼐更是在自己的诗中写道："虢国妆初罢，高唐梦始回。""高唐梦"的典故来自宋玉的《高唐赋》，说的是楚襄王梦中与神女相会的故事。可以说，这"高唐梦"要比"承主恩"更进一步指出了李隆基和虢国夫人之间的暧昧关系。

但是当我们翻开史书就会发现，推想有时仅仅是一种推想，它和事实完全是两回事。天宝五载，杨玉环才封贵妃不过一年，她的姐姐虢国夫人托其福才来到长安。当时的虢国夫人才显贵不久，她和李隆基未必有多熟悉。而且天宝五载的那次感情风波，杨贵妃被李隆基遣出宫后，直接回了自己哥哥杨铦的家中，不到一日李隆基就将其接回了宫。第二天，虢国夫人和韩国夫人就一同向杨贵妃进奉食品，一为安抚慰问，二为巴结示好。若前一天李隆基和杨贵妃的矛盾是因虢国夫人而起，虢国夫人脸皮再厚，恐怕也不会这么快就舰着脸去见自己的妹妹。而且若虢国夫人真与李隆基有染，以杨贵妃的个性，她未必容得下这个姐姐，李隆基纵宠杨贵妃，为了挽回杨贵妃的芳心，同时表明自己的决心，自然会对杨贵妃言听计从。所以，很显然，这只是凭空揣测。

李隆基和虢国夫人的关系之所以被后世人凭空捏造，大抵是因为李隆基对杨家实在过于厚待了。可李隆基这种厚待并非针对虢国夫人一人，而是整个杨贵妃的家族。推恩杨门，不过是李隆基对杨贵妃爱屋及乌的表现。只是虢国夫人个性张扬，行为不羁，才与李隆基传了"绯闻"。

个性张扬的虢国夫人虽然在历史上和李隆基并无瓜葛，但她倒也不是没有情人。史书中，虢国夫人的情人是她的远房堂兄杨国忠。

大唐是一个豪放的时代，在这个豪放的时代里，男人通过肉体来巴结有权势的女人获得权力也不算什么新奇的事，想当初张易之兄弟若不是做了武则天的男宠又怎么会位极人臣，崔湜若没有太平公主和上官婉儿这两艘顺风船怕是也不会那么快就当上宰相。同样，杨国忠虽说是杨贵妃的亲戚，但他的好官运并非来自杨贵妃，因为他和杨贵妃只是远房亲戚，若不是因为杨国忠搭上了虢国夫人这艘顺风船，推恩杨门之时，杨贵妃恐怕还想不起这个远房亲戚。作为张易之的外甥，杨国忠也算是把他舅舅张易之哄女人的本事学到家了。

虢国夫人和杨国忠两人时不时在长安的街市骑马并行来秀恩爱，当时长安城内可以说没人不知道他们俩是情人关系。虽然大唐是一个豪放的时代，但是再怎么豪放也不是没有底线。一个男人通过巴结有权势的女人爬上高位，在大唐算不得稀罕事，但古代汉人有规矩也有律令，那就是同姓不通婚。这个同姓，顾名思义就是说姓一个姓氏的人不能结婚，如果一定要结婚，那就得让女方改姓氏。杨国忠和虢国夫人这种姓一个姓又是从祖的堂兄妹，两人还建立情人关系，就算大唐民风再开放，这也是一种乱伦行为。而虢国夫人和杨国忠竟然不以此为羞，还高调地满大街秀恩爱。以至于当时很多实在看不下去又畏惧杨家权势的人暗中用"雄狐"的典故来讽刺他们两人。何为"雄狐"？这得从《诗经·齐风·南山》说起，原诗是：

南山崔崔，雄狐绥绥。鲁道有荡，齐子由归。既曰归止，曷又怀止？

葛屦五两，冠緌双止。鲁道有荡，齐子庸止。既曰庸止，曷又从止？

蓺麻如之何？衡从其亩。取妻如之何？必告父母。既曰告止，曷又鞠止？

析薪如之何？匪斧不克。取妻如之何？匪媒不得。既曰得止，曷又极止？

这首诗原本是齐人讽刺齐襄公和自己的妹妹文姜乱伦的一首讽刺诗，原文犀利地指出了文姜和齐襄公不顾人伦暗中私通的事实。唐代人借用"南山崔崔，雄狐绥绥"来讽刺虢国夫人和杨国忠兄妹乱伦的丑行，结果虢国夫人和杨国忠同千年前的文姜和齐襄公一样，即使被众人讽刺，他们还是毫不避讳。由此可知虢国夫人是一个很大胆的女性，而且一点儿也不畏惧人言。

其实，在正史或唐人笔记中，虢国夫人不仅是一个敢于素面朝天且毫不畏惧人言的人，还是一个很骄奢蛮横的女人。《资治通鉴》上有一则小故事，说虢国夫人让工匠们给她建造富丽堂皇的屋子，仅装修材料的花费就逾百万缗钱。事成后，工匠们向虢国夫人索要工钱，不讲理的虢国夫仅赏了他们绛

152

罗纱五百段就把这事给了了，一个大子儿都没有给工匠。这不由得让人想起了《卖炭翁》中卖炭老人和夺炭宫使的故事："一车炭，千余斤，宫使驱将惜不得。半尺红绡一丈绫，系向牛头充炭直。"统治阶级的强取豪夺，对普通百姓的奴役驱使，也非虢国夫人一人所为。

虽说虢国夫人为富不仁，但是她对情郎倒还不错，但凡杨国忠有求于她，她基本是有求必应。

天宝十四载安禄山起兵后，李隆基曾想御驾亲征，让太子李亨监国。杨国忠因为和太子李亨的关系一直都不好，怕太子掌政过后对他不利，于是极力反对。为此，他还特地找了虢国夫人，求她去劝说杨贵妃让李隆基收回成命。结果，虢国夫人为情郎说服杨贵妃，而李隆基则为了杨贵妃放弃御驾亲征。当然，李隆基之所以放弃御驾亲征，其更深层次的原因并非杨贵妃的劝阻，前面已经说过，此处不赘述，但由此亦可看出虢国夫人对杨国忠确实有情有义。

"安史之乱"发生后，逃难的玄宗一行途经马嵬坡时，早已对杨家人忍无可忍的禁军发动了兵变。为了平息众怒，李隆基无奈地下令缢杀了杨贵妃。杨贵妃一死，杨家人自然也跟着树倒猢狲散。当虢国夫人得知情郎杨国忠和妹妹杨贵妃相继遇难的消息后，她便带着自己的孩子和杨国忠的妻子裴柔一起骑马逃奔陈仓。陈仓县令薛景仙闻讯后亲自率人追捕，虢国夫人一行人只得仓皇逃入竹林。杨国忠妻子裴柔见大势已去无路可逃，请求虢国夫人帮她自尽。裴柔死后，虢国夫人也决心自尽，可惜她切喉的一刀刚割下去人还没死就被薛景仙抓获了。被关入狱中的虢国夫并无惧色，她从容地询问抓她的人是贼寇还是天子派来的。大限已到，虢国夫人话刚问完，就因为先前自刎处流出的血在喉中凝结成块，窒息而死。

一代红颜，终成枯骨，只有一卷《虢国夫人游春图》尚可窥其往日风流。

年年不见春——上阳白发人

一入深宫里，年年不见春。

聊题一片叶，寄与有情人。

——上阳宫人

这是一首上阳宫中无名宫人所写的诗，而这首诗和其作者一样没有名字。古人将其命名为"红叶题诗"，不过因为这是一首写在红叶上的诗罢了。这样一首无作者未命名的诗歌，发现它的却是大唐著名诗人顾况。

孟棨《本事诗》记载：一日，顾况和他的几个朋友一起畅游洛阳，他们在上阳宫苑囿附近游览时，顾况无意中发现随流水从宫墙内流出的一枚红叶上竟有题诗，诗曰："一入深宫里，年年不见春。聊题一片叶，寄与有情人。"或许是有感于题诗之人的才情与身世，也或许是因为这难得的机遇，顾况自己便做了诗中的"有情人"，次日，他特地走到溪流的上游，并找来一枚红叶，题了一首诗："花落深宫莺亦悲，上阳宫女断肠时。帝城不禁东流水，叶上题诗欲寄谁。"万万没想到，十多天之后，其他人在上阳宫附近游览时，竟然又在溪流里发现一枚题诗红叶，他们兴奋异常，立即找到了顾况，并将写着诗的红叶示于他，诗云："一叶题诗出禁城，谁人酬和独含情。自嗟不及波中叶，荡漾乘春取次行。"

这事自然被传为佳话，成为诗人们茶余饭后的谈资。然而，遗憾的是，故事到此便没有了下文，顾况有没有与这位上阳宫的无名才女继续红叶传情我们不得而知。

顾况是唐肃宗至德二载科考及第的进士，当年与他红叶传情的上阳宫宫人很可能就是天宝末年选入后宫的佳人。按照白居易《上阳白发人》的说法，这些可怜的姑娘都是在天宝末年被选入后宫的。初入宫时，旁人都与她们说进了宫便会承恩宠，因为她们个个都是二八佳人，岂有不得宠的理由？可她们刚进宫，还没等到见李隆基一面，就遭到了杨贵妃的嫉妒。于是，她们被集体遣送到东都洛阳的上阳宫里，落得一辈子独守空房、凄凉老去的命运。虽然白居易的《上阳白发人》是一首政治讽刺诗，为实现其讽刺目的不乏艺术加工，但诗中的人物并非凭空编造，李隆基晚年，他的后宫人数直逼四万人，而这四万中确实有很多是在天宝年间选的，这些新宫人中没见过李隆基的大有人在。

当年那个红叶题诗的上阳宫宫人遇见顾况这样的"有情人"也未尝不是一种幸运，至少她诗中所表达的身世之感能为人所理解。只可惜她没有开元时代那个写《袍中诗》的宫女的好运，能得天子做媒嫁出宫去。《短袍诗》的故事在《本事诗》中有记载：开元年间，李隆基下诏赏给边塞守军军袍，于是王皇后就发动宫女们参与了缝制。军袍发送给边塞守军后，一位兵士在短袍中发现一首诗，上面写着："沙场征戍客，寒苦若为眠。战袍经手作，知落阿谁边。蓄意多添线，含情更著绵。今生已过也，重结后身缘。"这位士兵大概是被这首诗歌感动了，于万千征袍中能得此诗实在是天大的缘分，于是他将此事上报给了边帅，表示愿意与作诗的宫人结取今生缘分。边帅大概也觉得此事非同寻常，便上报给了朝廷。李隆基得知此事后，开元时代的李隆基也是个性情中人，大概也感动于这非同寻常的缘分，便下令将此诗传遍六宫，并且放话说："此诗的作者是谁，无须隐瞒，朕绝对不降罪于她！"

终于有一位宫人上前承认自己便是作诗之人。李隆基非常同情她，说："朕替你结取今生缘分吧！"在李隆基的安排下，写《袍中诗》的宫女嫁给了得《袍中诗》的兵士。后来边塞的将士们得知这个故事后都十分感激李隆基。

"一入深宫里，年年不见春"的天宝时选入上阳宫的宫人相比开元时代的宫人是不幸的，而究其原因：开元时期的李隆基善修德政，登基没多久就解禁，将不少宫人放还于家，同时，作为圣明天子的他确实乐意成人之美；而天宝时上阳宫人至大的不幸便是遇上了一个老而昏聩的天子李隆基，他已无心政事，更不可能去关心后宫千千万万的宫人。

上阳人，苦最多。少亦苦，老亦苦。少苦老苦两如何？她们的一生终不过是盛世之下的浮光掠影，谁又会真正记得这些无名之人！

他日望长安——宜芳公主

出嫁辞乡国，由来此别难。

圣恩愁远道，行路泣相看。

沙塞容颜尽，边隅粉黛残。

妾心何所断，他日望长安。

这是宜芳公主远嫁奚部的时候，途经虚池驿突然有感而发作的一首诗，因为这首诗题于虚池驿屏风之上，所以诗名为《虚池驿题屏风》。自汉代以来，和亲番邦的公主不少，她们往往名为公主，其实真实身份只是宗室女或者后宫中的良家子。宜芳公主自然也不是真正的皇家公主，虽然她的父亲杨说是李隆基的女儿建平公主的驸马，但杨氏并不是建平公主的女儿，因为天宝三载建平公主和杨说才成婚，而天宝四载三月十四日，李隆基便封杨氏为宜芳公主，令其远嫁奚部首领李延宠，这一前一后不过一年，建平公主和杨说怎么可能会有一个正当婚龄的女儿。事实上，这两人是半路夫妻，谁都不是初婚。

为了把宜芳公主身份伪托成建平公主的亲女儿，所以这首《虚池驿题屏风》下附上的诗人小传中说宜芳公主是豆卢家的女儿，因为建平公主第一任丈夫是豆卢建。但建平公主和豆卢建结婚是开元二十五年的事情，换句话说，建平公主就算和豆卢建生有一女，那么这个女儿的年纪在天宝四载的时候最多只有八岁，依旧不到婚龄。所以，宜芳公主无论是杨氏女，还是豆卢氏女，她都不是李隆基的亲外孙女。实际上，豆卢氏女很可能只是杨氏女的误传，因为按照史书记载，这次远嫁奚部的和亲公主是杨氏女。至于为什么会发生这样的误传，一来是因为当年从长安传消息到边塞也不是很容易，费时较长，难免会有些错误；二来主要是建平公主和杨氏才结婚一年不可能有一个到婚龄的女儿，相比之下，建平公主和豆卢建似乎更符合大家的猜想。猜想只是猜想，终究远嫁奚部的是杨氏女。

说来宜芳公主真是一个悲剧，她的亲爹和后妈结婚才一年的工夫，她就被后妈的亲爹大唐皇帝李隆基安排远嫁奚部和亲去了。李隆基这样做也算是两全其美，一是用"外孙女"作为公主和亲，显得更为亲好；二是把"外孙女"远嫁了，也好让自家闺女顺心，女儿建平公主大概并不乐意看着自己丈夫和前妻的女儿成天在自己眼前晃悠吧。李隆基这个两全其美的法子，只苦了宜芳公主一人。虽说和亲是一个"光荣的使命"，但到底是远嫁他乡，骨肉分离，也难怪宜芳公主会在行至虚池驿时大发感慨，写了这首伤感的《虚池驿题屏风》。

姜心何所断，他日望长安。只是长安又岂能望见？《世说新语》有一则故事——偏安东南的晋元帝问他的太子司马绍："日远还是长安远？"太子司马绍当时回答说："日远，常听人说从长安来，从未听过有谁从日边来。"次日，晋元帝在宴会上，当着群臣的面又把同样的问题问了一遍，结果太子司马绍反口说："日近，因为举目见日而不见长安。"宜芳公主伤感断肠的何尝不是远嫁奚部后繁华的长安只能在梦中出现，抬头举目能够望见的除了太阳，也就只有那一轮明月。更悲伤的是，可怜的宜芳公主嫁到奚部不足半年的光景，她就连故乡的日月也见不到了。因为当时边将安禄山打算以边功邀宠，所以他多次故意侵掠奚部，奚部首领李延宠为了以示叛唐的决心，杀死了宜芳公主。宜芳公主成了大唐最可怜的和亲公主。

　　其实，和亲公主虽名为公主，但其身份不如真公主，举个例子：远嫁突骑施[①]的交河公主是十姓可汗、开府仪同三司阿史那怀道的女儿，杜暹任安西都护的时候，交河公主派牙官赶着一千多匹马到安西去卖，又派使者向杜暹宣读命令，结果杜暹大怒："阿史那怀道的女儿有什么资格向我宣读命令！"之后，他还命人杖打交河公主派去的使者，并将使者和马匹扣留。和亲的公主不是天子的亲女儿，待遇有天壤之别。

　　然而，天子的亲女儿有几个真的去和亲了呢？在"安史之乱"这种无可奈何的背景之下，唐肃宗确实将自己的亲女儿宁国公主远嫁回纥，但这只是无可奈何的选择。不过，真公主嫁出去后，终有回长安的可能。宁国公主在回纥只待了一年的时间，因为次年她嫁的对象英武可汗就死了，英武可汗死后她就回了长安。而和宁国公主一起嫁给英武可汗的唐肃宗六弟荣王李琬的女儿就没有这样幸运了，虽然一起嫁给可汗，但和真正的公主比，她只是陪嫁的媵。英武可汗死后，宁国公主回国，她却只能继续留在回纥，并嫁给了英武可汗的儿子牟羽可汗，后来被封为可敦，所以回纥人也称她为"小宁国公主"。小宁国公主一辈子再也没有回过长安。和小宁国公主一样，很多和亲的公主一辈子都没能再回到长安。

---

　　① 唐代时期一边远部落，属于西突厥，在当时隶属于安西都护府管辖。

庶女的悲剧——固安公主

固安公主辛氏，生母不知何所人，父亲辛景初同样是一个生卒年不详、官爵不可考的人。辛氏之所以被唐玄宗册封为固安公主，并在开元五年以唐玄宗从外甥女的身份嫁给东北奚族首领李大酺，这一切可以说都是托了她的嫡母李氏的"福"，因为李氏是唐玄宗的堂姐妹。

然而，固安公主最初得到这份福气，并不是因为嫡母李氏的偏爱，而是因为嫡母李氏的偏心。和亲远嫁看起来风光无限，其实是一件离家去国的苦差事，李氏自然不会舍得让自己的亲生女儿远嫁他乡，于是，庶出的固安公主才冒以嫡女的身份得到了这个机会。远嫁是一件苦差事，但是摆脱了自己偏心的嫡母也未尝不是一件好事。

固安公主婚后在他乡的生活如何，我们不得而知，但是不幸的是结婚才三年，固安公主就成了寡妇。因为开元八年契丹牙官可突于率兵攻打契丹王李婆固，李大酺带兵去救李婆固，结果战死。兄终弟及，李大酺的弟弟李鲁苏不仅继承了他的爵位，还在开元十年复娶了固安公主为妻。

故事到此，可知和亲确实是一件苦差。和亲公主不仅要背井离乡，还得入乡随俗。汉代和亲公主刘细君曾作了一首《悲愁歌》来倾诉自己远嫁乌孙的苦楚："吾家嫁我兮天一方，远托异国兮乌孙王。穹庐为室兮旃为墙，以肉为食兮酪为浆。居常土思兮心内伤，愿为黄鹄兮归故乡。"比起远离家乡，最让人犯难的是入乡随俗。不愿意随乌孙俗的刘细君，在自己丈夫猎骄靡去世后，得知自己得复嫁其孙军须靡，她愤然上书汉武帝，但汉武帝却回信让她入乡随俗。于是，心不甘情不愿的刘细君又无可奈何地嫁给了军须靡，之后没多久她就郁郁而终了。

奉命再嫁李鲁苏的固安公主似乎没有刘细君那样悲愁抑郁，反之她和新夫婿李鲁苏的感情似乎很不错。后来，李鲁苏的牙官塞默羯企图谋害李鲁苏，固安公主得知后，安排了一场"鸿门宴"，邀请塞默羯参加，塞默羯到场后，固安公主立刻让人把他抓住杀掉了。机智有谋的固安公主不仅保全了自己的丈夫，还为大唐立下了大功，唐玄宗因此嘉奖了固安公主，并且给予厚赏。

正所谓"祸兮福所倚，福兮祸所伏"，很多事情光看开头是想不到结尾的。在固安公主通过自己的机智勇敢获得殊荣和奖赏的时候，她的嫡母李氏出于嫉妒之心，站出来向李隆基举报，说固安公主不是她的女儿，她只是一个庶女。嫡与庶，在唐代算是一个比较严肃的问题，按照唐律的规定，定婚时是不能隐瞒所定之人的老、幼、残、病、庶的。换句话说，固安公主当初以庶冒嫡，本身就算是一个比较严重的错误，何况欺瞒的对象不仅是她的夫君，还有促成和亲的大唐天子。为了更正这个错误，唐玄宗气愤地下诏命令固安公主与李鲁苏离婚，并将唐中宗的外孙女韦氏封为东光公主下嫁给了李鲁苏。

到此，固安公主辛氏辛苦经营来的幸福人生就这样被自己嫡母李氏与封建礼制给毁掉了，尽管她之前担任和亲公主的时候为大唐立过功。

昔日青青今在否——章台柳

章台柳，章台柳，往日青青今在否？纵使长条似旧垂，亦应攀折他人手。

——韩翃

杨柳枝，芳菲节，可恨年年赠离别。一叶随风忽报秋，纵使君来岂堪折？

——柳氏

这两首诗源自孟棨《本事诗》中一个叫《章台柳》的故事，这个故事在唐代传奇里也叫《柳氏传》，而这两首诗的作者恰好就是这个故事中的男女主人翁——韩翃和柳氏。

韩翃是唐玄宗天宝十三载的进士，后来官至中书舍人，他也是唐代宗大历年间最出名的才子之一。柳氏原来是李生的一个侍妾，尚未发达的韩翃与李生交好，俩人多有来往，柳氏早就听闻韩翃才名，于是，每次韩翃造访李家，柳氏都会悄悄地从门缝中偷看韩翃，并且对身边的侍婢说："以韩郎的才貌，又怎么会长久贫困下去呢？"

后来这件事被李生知晓了，原本就与韩翃交好的李生了解到柳氏心意后，决定成人之美。李生特地备好酒菜，邀韩翃来家中饮酒。酒意正酣的时候，李生便借着酒意说道："我家侍妾柳氏姿貌非一般美人可比，而韩兄你的诗文也非一般人可比。这佳人当配才子，我将柳氏许给你如何？"韩翃大惊，他推辞道："不，我与李兄既是好友，又怎么能横刀夺爱？"其实韩翃表面推辞不受，但心里一直颇为喜欢柳氏，几翻推辞之后，韩翃接受了李生的好意。

次年，韩翃虽然科考及第，但有佳人做伴，离不开温柔乡的他赋闲在长安整整一年，连家都没有回过，自己科举及第的喜讯也没有通报自己的父母。柳氏看不过去，便对韩翃说："科举及第从来都是光宗耀祖的大事，父母大人若是知道一定会很高兴，郎君怎么能因为我这个出身卑贱的妇道人家而耽误回家报喜呢？再说，家中钱财即便让郎君拿去部分做路费，剩下的也足够等到您回来。"其实家中钱财根本不够用度，韩翃一走，柳氏就开始了苦守寒窑的日子，最后她连自己当年的首饰都变卖了。

一年多过去，韩郎没有等来，却等来了"安史之乱"。大唐天子李隆基倒是潇潇洒洒地带着自己的宠妃杨玉环千乘万骑西南行了，但长安城内的百姓走不了。安禄山攻陷了长安之后，柳氏害怕自己的容貌招来祸患，干脆一狠心剪去了自己的长发，寄居到法灵寺中。此时韩翃正好被平卢节度使请入自己的幄幕，当了节度使的幕僚，自然没有机会再回长安。一直到几年后，唐肃宗收复了长安，已经官至驾部郎中①的韩翃终于有机会派人去长安寻找柳氏。韩翃也算是有情人，这么多年始终没有忘记柳氏。可是乱世之中消息不通，时过境迁，当下的韩翃并不知道柳氏的境遇如何，不知她是否已为他人妇，于是，韩翃特地写了这首《章台柳》让寻柳氏的人带着，找到柳氏后交与她。几经辗转，韩翃派去长安的人终于找到了柳氏。

"章台柳，章台柳，昔日青青今在否？纵使长条似旧垂，亦应攀折他人手。"看完这首韩翃的《章台柳》，柳氏声泪俱下，回了一首诗给韩翃：

---

①唐代中央官职，设一人，从五品上，掌舆辇、车乘、传驿、厩牧马牛杂畜之籍。

"杨柳枝，芳菲节，可恨年年赠离别。一叶随风忽报秋，纵使君来岂堪折？"

故事到此，原本以为接下来应该是"破镜重圆"的大团圆结局，岂料世事叵测，未等到韩翊亲自上门迎回柳氏，柳氏却被一名叫沙咤利的番将给掳走了。等到韩翊来到长安，找到法灵寺，却没找到柳氏，真是人去楼空空悲寂。正当韩翊想着今生怕是再也无缘与柳氏相见的时候，在龙首冈，他又遇见了柳氏，只是此时的柳氏已是沙咤利的姬妾了。造化弄人，柳氏只得无奈地用薄薄的绸子系着玉盒，玉盒中装着香膏，托人交给韩翊，道："此物留与韩郎做念想吧，今生缘尽，日后再也不能相见了！"拿到香膏的韩翊自是悲伤不已，他对柳氏更是无法忘怀。

后来，韩翊和柳氏的故事被御史中丞许俊知晓了。许俊为人素来任侠好义，自是看不惯沙咤利强抢人妻的行径。于是，许俊单枪匹马冲进沙咤利的府上，诡称沙咤利得病急召柳氏。沙咤利府上的奴婢们信以为真，便将柳氏交与他。计成，许俊赶紧挟着柳氏跨上鞍马，飞马奔回韩翊的住处。韩翊和柳氏终于重聚。但是他们没高兴多久，新的问题又来了。当时沙咤利因为在"安史之乱"中屡屡立功，受到唐代宗格外的器重，许俊、韩翊与他相比只是小人物。现在小人物抢了大人物的姬妾，他们自然担心会由此生出祸端，到时好不容易才被许俊救出来的柳氏再被沙咤利抢去，岂不竹篮打水一场空，他们需要一个有分量的人来协助他们。思及此，许俊、韩翊就把这件事告诉了他们的上司侯希逸。侯希逸也是一个很好侠的人，知道事情的原委后，他以赞赏的语气对许俊说："我平生敢干的事，你许俊也敢干呵！"而后，侯希逸便将这件事一五一十上表给了唐代宗。唐代宗了解实情后，也被韩翊和柳氏的故事感动了，于是下诏将柳氏判予韩翊，同时，为了安抚将军沙咤利，他下令从官府中拨出二百万钱赐予沙咤利。

《章台柳》的故事，男女主人翁虽然几经周折又各历生死，但最后还是走到了一起，也可谓是一个大团圆的结局。韩翊和柳氏的故事只是"安史之乱"中一般人的故事，他们一别近十年，历经坎坷最终重新走到一起的故事又何尝不比李隆基和杨贵妃的爱情故事更感人呢？还是那句诗——莫唱当年长恨歌，人间亦自有银河。

尾声·还似人生一梦中

　　第一次游历西安时，我曾在一家熏香小店听到一则很有意思的故事。

　　话说在很久很久以前，有一位居无定所的狂僧，他应天子的要求去寻找一座名为回向的寺庙，还要替天子去回向寺里布施。说来这回向寺也十分诡异，因为它只在天子的梦里出现过，世人都不知道回向寺到底在哪儿。兴许那回向寺只是天子的一场梦。当众人都碍于皇帝的威严不敢点破时，那狂僧偏偏自告奋勇地说他知道回向寺在什么地方，要到那儿不难，只要让他带着名香上路就可以了。于是，天子应狂僧请求，赐予他无数名香，此外，还让他带了五百条手巾和五百领袈裟去回向寺布施。

　　狂僧拿到东西后就进了终南山。大约走了两日，他忽然在一个地势险峻的地方停下了脚步，惊道："这里人迹罕至，怎么会有石头碾子？"接着，他便在碾子上点起带来的佛香，开始诵经祈祷。也不知过了多久，山间突然被层层迷雾给罩住了，伸手不见五指，狂僧自是越加紧张地转起手中的念珠。后来那阵迷雾渐渐散去，青山白云之间一座朱柱粉壁的寺庙出现在狂僧的面前，庙宇大门的匾额上赫然刻着"回向"二字。狂僧大喜，急忙往上攀登，不久就来到寺庙前。寺里的守门人盘问了几句，便将他引荐给了一位老僧。那老僧让人领着他到僧舍将带来的方巾等物发掉。分发到最后，每样东西都剩下一份，因为有间屋子是空的。狂僧向庙里的老僧说了这件事。那老僧什么都没应他，只是笑着让他坐下。老僧又问道："你来的时候，可见过一个胡僧。"狂僧点了点头。不多久，一名侍者将一支玉笛交予狂僧。狂僧越加疑惑了，老僧则笑道："人间很快就要大乱了。用你们人间的时间算，大约二十多年的光景吧。那胡僧就是祸主。这支玉笛名叫'磨灭王'。那间空屋子原是你们天子住的僧舍，你们的天子在庙里的时候，总爱吹这支笛子，后来因此被贬到人间，如今期限快要满了。你下山时，顺便把这支玉笛带上交还给你们的天子。还有他这份手巾与袈裟，也让他自己收着吧。"次日，狂僧带着东西下了山，走了没几步，云雾又从四面聚拢起来，待到雾气散尽，便再也瞧不见回向寺了。后来狂僧便带着手巾与笛子等物进宫献给天子。

故事到这里，正当听众想问下面是不是如老僧说的那样发生战乱的时候，说故事的店家则推销起了店里各色名香，并打趣道："何不买上一款名香，香气入梦时，说不定故事的下文就有了。"

多年之后，在某个闲暇的中午，我点燃一款名香，静静地坐在阳台翻起了宋人编撰的《太平广记》，不经意间找到了那则故事的出处。原来故事背景是开元末，故事里的天子，正是那功过参半的唐玄宗，而那胡僧便是安禄山。

在后世的各种笔记小说里，李隆基总是与佛道有着不解之缘。他的前世不是道家上清境太阳朱宫里的真人，就是佛教忉利天回向寺里的高僧。唯独不变的是，无论佛道，李隆基都是被贬下人间的谪仙，而他被贬下人间的因由总是他有思凡之心。

上元二年（761 年）三月二十九日，这位被贬至人间的李谪仙又重新回到了天界。在这之前，徐徐老矣的李隆基曾经自解地吟道："刻木牵丝作老翁，鸡皮鹤发与真同。须臾弄罢寂无事，还似人生一梦中。"

纵观李隆基的一生，可以说是峰回路转、大起大落。少年时他是一个被祖母幽禁的小皇孙，青年时他通过政变夺权成了威加海内的大唐天子，壮年时他将大唐的盛世推向了顶峰，可到了晚年，他又把自己一手打造的盛世推向了覆灭的深渊，最终他的生活回到原点，只是幽禁他的人从自己的祖母变成了自己的儿子。若人生如梦，李隆基的这场人生梦中的甘苦，只有他自己知道。

王皇后、武惠妃、杨贵妃等，她们都只是李隆基人生之中的过客。宝应二年，李隆基带着他的人生故事入葬泰陵，当然，还有他和红颜们的那些往事。

万古长恨端，萧萧泰陵陌。也许已经羽化登仙的李隆基还在仙界继续着他的人生一梦，而他的那些美人们是否会再次出现在他的梦中，这就不得而知了。也许闯入李隆基梦中的不仅仅是那些后宫中的脂粉，还有其他生于玄宗朝或者死于玄宗朝的佳人们吧。

外附·李隆基后妃名录

注：《新唐书》、《旧唐书》出现后妃不做特别注明。

皇后：王氏、贞顺武氏（终于惠妃，追封皇后，子夏王一、怀王敏、寿王瑁、盛王琦，女上仙、咸宜、太华）、元献杨氏（终于嫔，追封皇后，子肃宗亨，女宁亲）

妃：贵妃董氏、贵妃杨玉环、淑妃杨氏（其后出家从道）、淑妃皇甫氏（德仪，追封淑妃，子鄂王瑶，女临晋）、贤妃武氏、和丽妃赵氏（子废太子瑛）、华妃刘氏（子奉天皇帝琮、靖恭太子琬、仪王璲）、钱氏（子棣王琰，《大唐赠南川县主墓志铭并序》言棣王琰母亲为韦氏）、贤妃卢氏（本为美人，子信王瑝）、贵妃项氏（见《大唐故右威卫左中候项君（承晖）墓志铭并序》，其人有一女）、顺妃韦秀（见《大唐故顺妃墓志铭并序》）

嫔：昭仪林氏（女宜春，见《元和姓纂》）、贤仪武氏（子凉王璇、汴王璥）、顺仪郭氏（子永王璘）、芳仪董氏（女广宁）、婉仪郭氏（见《故郭婉仪挽歌》和《故女道士婉仪太原郭氏挽歌词》）

婕妤：高氏（子颍王璬，女昌乐。按《高婕妤墓志》载，她初为才人，

后为婕妤）、柳氏（子延王玢，女永穆）

美人：钟氏（子济王环）、王氏（子陈王珪）、杜氏（女万春）、张氏（见新出土的唐《张美人墓志》考释）

才人：刘氏（子光王琚）、阎氏（子义王玭）、郑氏（子恒王瑱）、陈氏（子丰王珙）、常氏（女新平）、莫氏（见《酉阳杂俎》）、赵氏（女寿光，见《大唐故寿光公主墓志铭》）

后宫：阎氏（女信成。详见《太平观女道士讳紫虚墓志铭并序》，阎氏和阎才人并非一人，该墓志铭主人乃是阎氏之母，文中连外孙女婿都提了，若有亲王外孙，不可能不提。故阎氏仅是信成公主之母）、曹野那姬（女寿安）

其他：鸢儿、大小崔氏、王氏、郝氏（不见于正史和墓志，见于笔记杂说又不知其具体封号者）

关于鸢儿，唐人冯贽《云仙杂记·史讳录》载：玄宗为太子时，爱妾号鸢儿，多从中贵董逍遥微行。以轻罗造梨花散蕊，裹以月麟香，号袖里春。所至暗遗之。

关于崔氏，唐人张鷟《朝野佥载》载：玄宗诛萧至忠后，所司奏"宫人元氏款称，与湜（崔湜）曾密谋进鸩"。乃赐湜死，年四十。初湜与张说有隙，说为中书令，议者以为说构陷之。湜美容仪，早有才名。弟液、涤及从兄浯，并有文翰，列居清要。每私宴之际，自比王谢之家。谓人曰："吾之门地及出身历官，未尝不为第一。丈夫当先据要路以制人，岂能默默受制于人！"故进取不已，而不以令终。又湜谄事张易之与韦庶人。及韦诛，复附太平。

有冯子都、董偃之宠。妻美，并二女并进储闱，得为中书侍郎平章事。有榜之曰："托庸才于主第，进艳妇于春宫。"

关于王氏，宋人朱胜非《绀珠集》载：明皇所幸美人王氏，数梦人召饮密会。具言于上。上曰："必术士所为，汝若再往，以物志之。"其夕，梦中又往，因就砚中濡手印屏风上。既寝以告帝，潜索于外，果于东明观中得其手纹，而道士已遁矣。（唐·郑綮《开天传信记》也有类似的故事，未提及美人姓王，可知此处的"美人"非封号。）

关于郝氏，明人马暾《潞州志》载：郝洽，字元津，潞州西火村人。唐玄宗为潞州别驾时，曾猎于其地。元津谒见，与语奇之，因造其第，见伊女修整，遂纳之。后继位，授以官，不拜就。以处士清名加之，赐田赡养，以终其身。

相关资料

【册皇帝妃王氏为皇后诰】

王者建邦，设内辅之职；圣人作则，崇阴教之道。式清四海，以正二仪。皇帝妃王氏，冠荚盛门，幽闲令德，艺兼图史，训备公宫。顷属艰危，克扬功烈，聿兴昌运，实赖赞成。正位六宫，宜膺盛典。可册为皇后。

【废王皇后制】

门下：朕承五圣之绪，为万国之君，敢以私爱而废至公，内顾而忘鸿业？皇后王氏，天命不佑，华而不实，居上畜虎狼之心，御下甚鹰鹯之迹。造起狱讼，朋扇朝廷，见无将之端，有可讳之恶，焉得敬承宗庙，母仪天下？可废为庶人，就别院安置。刑于家室，有愧昔王，为国大计，莫非获已。布告天下，咸使知闻。

【赠太尉益州大都督王公神道碑奉敕撰】

维天命帝子万邦，维坤配乾母万物：以亲九族，后父之属尊；以叙百官，开府之班最：执谦德而光重地者，则祁国公其人也。公讳仁皎，字鸣鹤，太原祁人。王子宾天，启灵仙之族；司徒卫汉，大忠义之门。盛德之后，仁贤继出：曾祖景孝，隋屯田侍郎；祖诠，歙县男，赠汾州刺史；考文泊，赠右仆射。缵戎前列，启迪后人。

公之生也，膺汾霍之祯，体敦庞之度，礼乐狙於代袭，忠孝萌於自然，克宽克恭，不激不傲。鉴穷未兆，而养之以蒙；智周无际，而处之以默。故质胜於文，行过於誉。其隐德也，三年不鸣；其会时也，一日千里。初以翊卫调同州参军，换晋州司兵。应将帅举，授甘泉府果毅，迁左卫中郎将。上升春宫，后正妃壶，擢将作大匠，事时工练，八材孔修。转太仆正卿，骀训车攻，六飞如舞。先天内禅，引伸外戚，怀柔畏满，厌剧思闲，公既深辞以职事，上亦优之以散秩。乃加特进，礼异群公，乃拜开府仪同三司，策上柱国，封祁国公，邑户三千，实赋三百。公於是寓情宴喜，简迹朝行，入告嘉猷，密而人莫窥也；阴荐多士，晦而人莫知也。不自异於当路，每同尘於众流，常语所亲曰："明明天子，择贤共理，琐琐姻娅，则无黡仕。不识不知，乐我而已。"善矣夫！人臣位极，遇莫大焉；王曰外舅，厚莫重焉。而能明道若昧，进道若退，事不事而县解，为不为而理会，一以无目牛之全，一以无亢龙之悔：所谓言合古行中权欤？後之人慎终始而保福禄者，固将沿通波而蹈高轨也。享年六十有九，开元七年岁次己未四月己未朔廿日戊寅，薨於京师。

皇上悼焉，设次大临，辍朝累日。荣之以华衮，宠之以饰终，追赠太尉益州大都督，赐东园秘器，含襚赠锡，率加常礼。乃命尚书鼓城侯刘知柔摄大鸿胪，俾之监护，京兆少尹崔琬介焉；申命詹事南安侯庞承宗持节吊祭，左庶子白知慎倅焉。公卿命士，更吊迭唁，溢巷填街，为之缟素。粤以十月初吉，葬我昭宣公，群官执绋祖奠国门如前会。夫天作圣合，必起大邦，故轩妃美於西陵，周妇表於东海。公藩衍之庆，祚允二十，或哲或谋，或肃或乂：永锡之类也如是。元女祥发望云，业参练石，内被《螽斯》之德，外偃《关雎》之化：门风之至也如彼。长子惟力戴君，毕心御侮，奉云雷之会，悬日月之功：庭训之致也如此。高阳有才子八族，我盈其二；武王有理臣十人，家出其两：稽诸旧史，罕或前闻。若乃积三盛事，而重之以纯德，篆於金石，垂於亿万宜哉！其文字光华，撰录旨要，则皇帝所为也。词臣奉诏，作之铭曰：

於穆祁公，诞灵信厚。有倬其庆，天子外舅。高以卑牧，盈将冲守。忠焉孝乎，没而不朽。人之忠孝，其德不回。天俾纯嘏，大福时来。贵逾九列，荣并三台。祚之元社，帝曰钦哉。祁公之德，柔嘉维则。令仪令色，小心翼翼。如何昊天，丧此邦式？休问其永，丰石是刻。我思肥泉，孝心罔极。

【敦煌变文·叶静能诗】

皇帝每日亲问净能道法，净能时时进法，皇帝每事不遗。忽於一日，皇后无子，拟求净能曰："妾闻叶净能法述（术）通神，妾欲求子，不敢不奏。"皇帝便诏净能问曰："朕未登极之日，即有皇后；及至登极已来，全无子息。天师兹（缁）流，为朕求一子，在其国计。朕与皇后，不敢有负天师。"净能奏曰："男女盖缘宿运，净能何以求之？"净能乃问天曹，牒地府。净能便对皇帝书符，吹向空中，当时化为神，便乃升天。又书符牒问地府。须臾天曹地府同报曰："皇后此生不合有子。"净能具奏。（节选）

【册封皇帝良娣董氏等诰】

《关雎》之化，始於国风；贯鱼之序，著於《大易》。用能辅助王道，叶宣阴教。皇帝良娣董氏、良娣杨氏、良媛武氏等，门袭钟鼎，训彰礼则，器识柔顺，质性幽闲。美誉光於六寝，令范成於四教。宜升徽号，穆兹朝典。董氏可贵妃，杨氏可淑妃。武氏可贤妃。

【谏立武惠妃为皇后疏】

臣尝闻《礼记》曰："父母之雠，不共戴天。"《公羊传》曰："子不复父雠，不子也。"昔齐襄公复九世之雠，丁兰报木母之恩，《春秋》美其义，汉史称其孝。陛下既不以齐襄为法，丁兰为戒，岂得欲以武氏为国母？当何以见天下之人乎？不亦取笑於天下乎？非止亏损礼经，实恐污辱名教。又惠妃再从叔三思、从父延秀等，并於乱朝纲，递窥神器，豺狼同穴，枭獍同林。至如恶木垂阴，志士不息；盗泉飞液，正夫莫饮，良有旨哉。且匹夫匹妇欲结夫妻者，尚相拣择，况陛下是累圣之贵，天子之尊乎？伏愿陛下详察古今，鉴戒成败，慎择华族之女，必在礼义之家，称神祇之心，允亿兆之望，为国大计，基在於兹。且惠妃本是左右执巾栉者也，不当参立之数。《春秋》书宋人夏父之会，无以妾为夫人；齐桓公誓命於葵邱，亦曰无以妾为妻：此则夫子恐开窥觊之端，深明嫡庶之别。又汉成帝欲立赵氏为皇后，刘辅极言；汉桓帝欲立薄氏於中宫，李云切谏。又见人闲盛言，尚书左丞相张说，自被停知政事之后，每谄附惠妃，诱荡上心，欲取立后之功，更图入相之计。伏愿杜之於将渐，不可悔之於已成。且太子本非惠妃所生，惠妃复自有子，若惠妃一登宸极，则储位实恐不安。皇太子既守器承桃，为万国之主本，何可轻易辄有摇动？古人所以见其渐者，良以是也。昔高祖以戚夫人之故，将易太子之位，时有商山四皓，虽不食汉庭之禄，尚能辅翼太子，况臣愚昧，职参宪府，慷慨关心，感激怀愤。陛下留神省察。

【赠武惠妃贞顺皇后制】

存有懿范，没有宠章，岂独被於朝班，故乃亚於施政。可以垂裕，斯为通典。故惠妃武氏，少而婉顺，长而贤明，行合礼经，言应图史。承戚里之华胄，升后庭之峻秩，贵而不恃，谦而益光。以道饬躬，以和逮下。四德粲其兼备，六宫咨而是则。法度在已，靡资珩佩，躬俭化人，率先絺绤。夙有奇表，将国正位，前后固让，辞而不受，奄至沦殁，载深感悼。遂使玉衣之庆，不及於生前；象服之荣，徒增於身后，可赠贞顺皇后。宜令所司，择日册命。

【贞顺皇后哀册文】

维开元二十五年岁次丁丑十二月庚子朔七日丙午，惠妃武氏薨於兴庆宫之前院，移殡春宫正殿之西阶。粤翌日，乃命有司持节册谥曰贞顺皇后，以旌德饰终也。洎明年春二月己亥

二十二日庚申，将迁座於敬陵，礼也。启攒涂於春禁，候重门於初旭，转灵卫於金根，缅怀於上国。亦既有命，铭於贞王。其词曰：

《风》之始者，（阙二字）备内。职选才淑，政兼翊戴。化锡丕祉，繁华钟美。我天后之从孙，周桓王之季子。於渭之涘，重开戚里。鹓鸾飞翔，珮玉锵锵。自婕妤而三命，乃率先於雁行。出言有章，彤管有光。孝慈之心，谅自天启。鞠育孙幼，恩流恺悌。七子既均，六宫有礼。贵主三分於外馆，贤王两辟於朱邸。彼阴教兮惟微，承日月之光辉。辅圣人之至德，故动用而无违。骊谷汤泉，天行暮律。属车之内，陪游之日。孰谓荡邪，兹焉遇疾。（阙）焚香山，以邀元吉。却届重城，弥留永毕。思勿药之有喜，痛还年之无术。呜呼哀哉！览旧馆兮洞开，践芳尘兮徘徊。指甘泉之画像，谓德容之在哉！自昔层城之宫，椒风之殿，获遇明主，是矜邦媛。有平生之渥恩，无沦没之馀眷。况贞顺之宠锡，伊往古而莫见。卜兆考常，三龟既良。园陵苍苍，在国之阳。傍芙蓉而左转，怨桃李之春芳。风卷旌旆，繁笳委咽。中使护道，懿亲辞诀。山藏玉衣，地留金穴。惟清灞之永矣，流国风而不竭。呜呼哀哉！

【郑国夫人神道碑奉敕撰】

郑国夫人者，弘农杨氏之女也，开元神武皇帝惠妃之母。曾祖讳谌，以礼乐习文，为越州司马。祖衍，以折冲学武，为游击将军。父宏，以门才入仕，为雍县丞，而早卒。初则天之代，夫人言归武氏，曰恒安郡王，生惠妃及家令忠、太子仆信。开元十年三月，终於通化里，其四月，卜宅於少陵原。哀子衔恤，

号旻仰诉，怨报德而未待，托思齐於永慕。皇帝恺鸾殿之内忧，怅鹤池之外惨，扬淑声而金石刻，揭高行而天地感：国史司文，命为郑志。

若夫清明下济，岳渎上升，祥会德门，庆育邦媛，神授孝理之性，天启聪达之心。加以润泽《诗》、《书》，游玩图传，伯宗好直，预戒将亡；重耳羁游，先称必霸。岂直汉庭章奏，假借仲长之才；周官礼仪，咨禀宣文之学？昌言嘉论，有如此者。蟓首蛴领，修眉横波，既工嚬笑，易为容止，肃恭而不跼，舒和而不倨。商周革命，遇屯有怡怿之颜；桑霍儆予，在贵无骄矜之色：端容一貌，有如此者。纮綖祭服，阙翟朝衣，纂组入神，翦制惊国；雕胡之饭，露葵之羹，五齐六清，三酏七醢：咸一见而洞理，或不习而知和，女工中馈，有如此者。惠妃载诞皇子，在者四人，骊泉多龙，丹穴皆凤。克岐克嶷，预见元凯之才；实覃实訏，早闻霄烛之艳：亦关阴德之潜袭，胎教之密传乎！又名子以义，成家以礼，忠者以令德为忠，信者以不欺为信。传云"去食存信，信而有徵"，经云"移孝为忠，孝则不匮"。周宗咸覆，纪季旬存，至德深图，有如此者。璧司徒之妻，邑其合礼；南城侯之妇，封其旧功。况夫夺徽四德，四德咸举；经纶二义，二义克从。匡武收继赵之勋，产姚承配夏之庆，吹凯风於椒掖，外王母於梧宫。盛德大业，穷光极宠，启国西郑，不变宜乎！

十数年间，二子荣立，每至四时令节，六参嘉会，鱼轩照门，龟艾交室，为寿则珠贝山积，侑币则锦绮霞飞。白玉满堂，聚姻亲而同有；黄金作穴，散邻里而无馀：君子钦其市义，圣人嘉其宝俭。故寝疾则饮食天厨。汤药御府，匪日伊夕，上宫络绎於闱庭；送终则威仪倾都，车骑瞳目，自宫徂野，中使相望於道路：哀荣之盛，书记罕闻。猗欤！所谓小君之遗美，圣善之高烈者也。如使后代考南史，议西陵，披简牍而叹息，临山原而茫昧，旌贲之道，不其阙而？然则外孙之碑，武担之石，非明淑之垄，其何设焉？辞成进御，帝称曰善，顾谓尚札，我其书之。於是洒翰黄缣，镂字青琬，云横波蹙，神变艳烂於山门；鹤倚鸾翔，生气宛延於松路。礼尊事绝，恩荣迹远，斯又元德动天，幽诚回日之奇致也。谁昔未睹，名言莫逮。系曰：

代有母德，厥氏杨兮。祖考为士，父为王兮。圣后中叶，总万方兮。天命未改，复归唐兮。贤淑启佑，继绝亡兮。宗周虽灭，神女昌兮。建号西郑，荣旧乡兮。鱼轩翟茀，盛龙光兮。二子双飞，华绶章兮。出入轮奂，庭韡煌兮。去此昭昭，即茫茫兮。何处诏葬，少陵阜兮。贵妃慈亲，侯王舅兮。寒暑流易，山川久兮。古坟坡阤，老树朽兮。寿宫灵寝，百代守兮。颂石光华，千载后兮。

【册寿王杨妃文】

维开元二十三年，岁次乙亥，十二月壬子朔二十四日乙亥，皇帝若曰：於戏！树屏崇化，必正阃闱，纪德协规，允资懿哲。尔河南府士曹参军杨元璬长女，公辅之门，清白流庆，诞锺粹美，含章秀出。固能徽范凤成，柔明自远，修明内湛，淑问外昭。是以选极名家，俪兹藩国，式光典册，俾叶龟谋。今遣使户部尚书同中书门下李林甫、副使黄门侍郎陈希烈持节册尔为寿王妃。尔其敬宣妇道，无忘姆训，率由孝敬，永固家邦。可不慎欤？

【度寿王妃为女道士敕】

圣人用心，方悟真宰，妇女勤道，自昔罕闻。寿王瑁妃杨氏，素以端懿，作嫔藩国，虽居荣贵，每在精修。属太后忌辰，永怀追福，以兹求度，雅志难违。用敦宏道之风，特遂由衷之请，宜度为女道士。

【王文郁画贵妃像赞】

万物去来，阴阳反覆。百岁光阴，宛如转毂。悲乐疾苦，横夭相续。盛衰荣悴，俱为不足。忆昔宫中，尔颜类玉。助内躬蚕，倾输素服。有是德美，独无五福。生平雅容,清缣半幅。

【册元献杨太后诰】

圣人垂范,是推顾复之恩;王者建极,抑有追尊之礼。盖母以子贵,德以谥尊。故妃弘农杨氏,特禀坤灵,久厘阴教。往以续涂山之庆,降华渚之祥,诞发异图,载光帝业,而册命犹阙,幽灵尚阔。夏王继统,方轸阳城之恩;汉后褒荣,庶协昭灵之称。宜於彼追册为元献太后。

【元献皇太后哀册文】

维宝应二年岁次癸卯闰正月乙巳朔十六日庚申,元献皇太后启殡於永昌之陵寝,安神於细柳之亭宫。粤三月甲辰朔十二日乙卯,将迁座於泰陵,礼也。谥册昭礼,容车俨驾。皇帝执通丧而在疚,遵远日以戒期,悼恸凶之荐及,痛皇妣以衔悲。泣外郊而阻礼,将彻奠於有司,命宗伯之贰职,陈明德以为词。词曰:

两仪判质,二曜分形,乾刚,坤顺,阳德阴灵。嫔风以婉,妇道惟听。王教斯立,邦家以宁。渭水定祥,涂山协德。式敷阴教,用光内则。紃组克修,蘋蘩是职。杂佩相警,副笄尽饰。族承嵩岳,德备椒房。福履兰殿,祥开画堂。黄花袭庆,彤管贻芳。姜嫄佐詧。尧母兴唐。灵婺沈彩,仙娥坠魄。厚夜无归,重泉永隔。义存故剑,礼备追册。先志克遵,爰开故宅。坤仪载穆,象服攸宜。鸾辂爰止,翚衣在斯。蔼蔼邦媛,雍雍母仪。先天毓德,早岁闻师。日月有期,山陵甫制。六綍齐引,八神警卫。龙帷俨其载陈,骧服骋以偕逝。率土雷动,殊方雪涕,去城阙之迟迟,望郊原之翳翳。背黄山而北指,渡清渭以东辕。野色惨以凝幕,青云重而垂轩。俨騑骖以就驾,惨徒御而不喧。舍曾城之禁掖,向新庙之陵园。呜呼哀哉! 遵周道之合祔,美诗风之内穴。列容卫於山阿,若平生之象设。拟灵荃之凄楚，泛薤露之清切。痛修夜之不晹，叹行芳之永绝。呜呼哀哉！缅惟在昔，嫔德斯臧。夫妇以正，邦家之光。明明淑德，诞圣配皇。肃威灵之如在，钦懿范之不忘。呜呼哀哉！

【节愍太子妃杨氏墓志铭】

开元十有七年二月癸未，中宗节愍太子妃杨氏薨於京师太平里第之内寝。越五日景申，诏葬於新丰之细柳原，黄陵不从，古之道也。呜呼哀哉！

妃氏之先代居河华，赤泉启国，清白传家，东都之公胄，西晋之后族。高祖士达，隋开府纳言，天授中，以孝明高后之父，追封郑王，赠太尉。曾祖緘，隋符玺郎，抗节王充，朝廷旌载，赠灵州刺史。祖全节，左内率，赠魏州刺史。考知庆，千牛豹韬二将军。若夫轩冕王官，同许史之繁汉；婚姻帝室，比姜吉之宜周。是故二华降灵，五河飞誉，拜玉册於文庙，俪金玺於青宫，入参视膳之仪。出友元真之乐。《礼》陪茧馆，祭服如於北郊；《诗》替鹊巢，王化终於南国。岂知言违斗水，神往邙山，七日之望不归，千秋之言何及？於是视身知苦，幽探白马之偈；觉心等空，坐证青莲之叶。久以乔木无怙，柏舟早誓，棣华先落，圣善相依。

闺门正家，称未亡而全礼；高堂终养，不胜哀而遂绝：此又礼外之礼，孝中之孝者也。初上在东宫时，妃有女娣选为良媛，生忠王，卜者曰："不宜养。"爱自褓褓，命妃举字。及开元正位，良媛为嫔而卒，妃之视忠王也，隐儇之，教诲之，谒从母之仁慈，陪犹子之珍爱。忠王之诧妃也，敬爱焉，听顺焉。生尽因心之乐，没过如母之慽。且夫慈懋鞠育，孝思顾复，仁叶恩亲，爱备恭睦，成天下之百行，致生人之五福：斯盖皇极之端，国风之首者矣。湖阳王当小宗之祭，元妃之丧，故丧挟两孤，而祭殷二国，何必鼓吹山上，遥传慈母之名；石阙庙中，独立少姨之像？史官承诏，勒铭沉碧。词曰：

太华北足，长河东肘。总粹阴灵，妃德储后。鸣美玉佩，炯光金钮。贵嫔长姨，宠王从母。永诀上宾，死孝哀亲。顾怀孺子，忍别天人。昔贞万国，今抚百神。泉灯我夜，宫树他春。陵麦秀兮渐渐，陇月生兮纤纤。元灞去兮无积险，青门绝兮不可瞻。石兽涩兮绿苔粘，宿草残兮白露沾。园寝闭兮脂粉腻，不知何人兮开镜奁。

【和丽妃神道碑铭奉敕撰】

旧史云：轩辕帝宫，次星具黄龙之体；郊媒神祀，次妃成元鸟之命：非圣也莫能法天，非天也莫能感圣。则有相乎坤而母乎震，齐乎古而合乎天，迹虽秘绝，犹可测而言焉。丽妃赵氏，天水人也。丽者以华美为贵，妃者以配合为尊。《易》云"日月丽天"，传称"星辰合度"，丽加妃号，自我为初。原夫八骏勤周，肇有封姓；三军霸晋，乃蕃卿族：设宝符而开国，曳珠履而成家。果验成宣之後，不乏文忠之庆，尧门昭殿，何代无人？暨乎紫气上通，瑶台独立，楚宫选美，纳良袂於神云；汉掖求才，进团扇於明月。故坐而论教，则比位三司；动而具瞻，则仪刑六列者矣。先将军以恩泽授职，太夫人以有礼封郑。流车跃马，岂无甲观之亲？湫宅闲门，不有椒房之势？探风揆化，忧国如家，故圣人有以尚其德也。

躬亲茧馆，义形态槛，退席以爱礼，樛木以广恩，望古难臻之地，必为常践之域，故圣人有以嘉其志也。悬象告沴，经时寝疾，在蒙被之辰，答还辇之问：生可捐於浮假，心独系於元真。神往土清，愿承恩而入道；形归下上，期去礼而薄葬。

慈颜同气，奚敢为言？皇上闵而许之，咨嗟不已。开元十四年，春秋三十有四，七月十四日，薨於春华殿。殡於龙兴观之精屋，示以出家从道例也。命河南尹监护，河南令副焉，丧葬务约，成遗语也，二十六日，窆於故都之后邙山之阳。

孺慕承华，凄凉薄室，列薤歌於东路，回容卫於北山，寿堂一闭兮凡圣等，人代同悲兮修短间。月帔云衣，禭以神仙之服；上方陶簋。旋於造化之初。此皆圣主之曲成，贤妃之本志，何必云阳山下，别起通灵之台；未央宫中，虚立致神之帐？若夫易名之典，考行是存，帝谥曰"和"，礼之贵也。气之和者生万物，声之和者孕八音，魂而有知，感圣恩乎！有诏史臣，恭铭内职，事出彤管，辞无华饰，写乐池之永伤，寄瑶山之罔极。铭曰：

帝妃佐后，实掌阴教。八月选才，千金聘貌。祀献丝茧，诗修汗濯。妇政可尊，嫔风胥效。皎皎汉女，为皇降灵。娥娥邦媛，顺道之经。结以印绶，华光後庭。带之弓韣，朗润前星。追述潜运，夙承嘉奖。谦苦中京，崎岖上党。金镜开目，明珠耀掌。心方乐於时泰，魂奄悲於化往。紫云衣兮霓裳，送美人兮北邙。

白壤宫兮青松苑，去君恩兮日远。秋风急兮霜天，草木黄兮野田。灭香容於空樽，留画像於甘泉。春秋以丽和之二字，独褒美於千年。

【唐故德仪赠淑妃皇甫氏神道碑】

后妃之制古矣，而轩辕氏帝喾氏、次妃之迹，最有可称，存乎旧史，然则其义隐，其文略。《周礼》王者内职大备，而阴教宣。诗人《关雎》风化之始，乐得淑女。盖所以教本古训，发皇妇道。居具燕寝之仪，动有环珮之节，进贤才以辅佐君子，不淫色以取媚闺房。虽彤管之地，功过必纪；而金屋之宠，流宕一揆。稽女史之华实，嗣嫔则之清高，亦时有其人，伟夫精选。

淑妃讳某，姓皇甫氏，其先安定人也。惟禹封商，於赫有光，伊元祖树德，於今不忘。必宋之子，莫之与比，伊清风继代，惠此馀美。夫其系绪蕃衍，绂冕所兴，列为公侯，古有皇父充石，则其宗可知也。夫其体元消息，经术之美，刊正帝图，中有元晏先生，则其家可知矣。嗟乎！我有奕叶，承权舆矣；我有微猷，展肃雍矣。积群玉之气，自对白虹之天；生五色之毛，不离丹凤之穴。曾祖烜，皇朝宋州刺史。祖粹，皇朝越州刺史都督诸军事。父日休，皇朝左监门卫副率。妃则副率府君之元女也，粤若襁褓，体如冰雪，气象受於天和，诗礼传乎胎教。故列我开元神武之嫔御者，岂易其容止法度哉？今上昔在春宫之日，诏诘良家女，择视可否，充备淑哲。太妃以内秉纯一，外资沉静，明珠在蚌，水月鲜白，美玉处石，崖岸津润，结襦而金印相辉，同辇而翠旗交影。由是恩加婉顺，品列德仪。虽掖庭三千，爵秩十四，掩六宫以取俊，超群女以见贤，岂渥泽之不流，曾是不敢以露才扬已，卑以自牧而已。夫如是，言足以厚人伦，化风俗，弥缝坤载之失，夹辅元亨之求。

呜呼！彼苍也常与善，何有初也？不久好奈何？况妃亦既遘疾，怙如虑往。上以之服事最旧，佳人难得，送药必经於御手，见寝始迥於天步。月氏使者，空说返魂之香；汉帝夫人，终痛归来之像。以开元二十三年岁次乙亥十月癸未朔，薨於东京某宫院，春秋四十有二。呜呼哀哉！望景向夕，澄华微阴，风惊碧树，雾重青岑。天子悼履綦之芜绝，惜脂粉之凝冷，下麟凤之银床，到梧桐之金井。呜呼哀哉！厥初权殡於崇政里之公宅，后诏以某月二十七日乙酉，卜葬于河南县龙门之西北原，礼也。制曰："故德仪皇甫氏，赞道中壸，肃事后庭，孰云疾疢，奄见凋落？永言懿范，用怆於怀，宜登四妃之列，式旌六行之美。可册赠淑妃。丧事所须，并宜官供，河南尹李适之充使监护。"非夫清门华胄，积行累功，序於王者之有始有卒，介于嫔御之不僭不滥，是何存荣没哀，视有遇之多也？有子曰："鄂王讳瑶，兼太子太保使持节幽州大都督事，有故在疚而卒。岂无乐国，今也则亡，匪降自天，云何吁矣！有女曰临晋公主，出降代国长公主子荥阳潘曜，官曰光禄卿，爵曰驸马都尉。昔王俭以公主恩，尚帝女为荣；何晏兼关内侯，是亦晋朝归美。公主礼承於训，孝自於心，霜露之感，形於颜色；享祀之数，缺於洒扫。尝戚然谓左右曰："自我之西，岁阳载纪。彼都之外，道里遐绝，圣慈有蓬莱之深，异县有松檟之阻。思欲轻举，安得黄鹄？未议巡豫，徒瞻白云。"望阙塞之风烟，寻常涕泗；怀伊川之陵谷，恐惧迁移。于是下教邑司，爰度碑版。甫忝郑庄之宾客，游窦主之园林，以白头之嵇阮，岂独步于崔蔡？而野老何知，斯文见讬；公子泛爱，壮心未已。不论官阀，游、夏入文学之科；兼叙哀伤，颜、谢有后妃之诔。铭曰：

积气之清，积阴之灵。汉曲回月，高堂丽星。惊涛汹汹，过雨冥冥。洗涤苍翠，诞生娉婷。（其一）

婉彼柔惠，迥然开爽。绸缪之故，昔在明两。恩渥未渝，康哉大往。展如之媛，孰与争长？（其二）

珩珮是加，翟褕克备。先德后色，累功居位。壶仪孔修，宫教咸遂。王于奖饰，礼亦尊异。（其三）

小苑春深，离宫夜逼。花间度月，同辇未归。池畔临风，焚香不息。呜呼变化，惠好终极。（其四）

冯相视祲，太史书氛。藏舟晦色，逝水寒文。翠幄成彩，金炉罢熏。燕赵一马，潇湘片云。（其五）

恍惚馀迹，苍茫具美。王子国除，匪他之耻。公主愁思，永怀于彼。日居月诸，邱陇荆杞。（其六）

岩岩禹凿，淰淰伊川。列树拱矣，丰碑缺然。爰谋述作，欻就雕镌。金石照地，蛟龙下天。（其七）

少室东立，缭垣西走。佛寺在前，宫桥在后。维山有麓，与碑不朽。维水有源，与词永久。（其八）

【因话录·宫部·卷二】

赵璘

玄宗柳婕好，余母之叔曾祖姑也。生延王玢。婕好有学问，玄宗甚重之。肃宗每见王，则语左右曰："我与王，兄弟中更相亲，外家皆关中贵族。"柳氏乃尚书右丞范之女，睦州刺史齐物之妹也。柳氏姻眷，奕叶贵盛，而人物尽高，方与公、康城公，皆《北史》有传。睦州刺史讳齐物，尚书右丞之子。右丞讳范，国史有传，少而俊迈，风格精异，能为江南折桂书生，咏调精绝，见媚于时。自周隋之后，家富有财。尝因调集至京师，有名娼娇陈者，姿艺俱美，为士子所奔走。睦州君诣之，悦焉。娇陈曰："第中有锦帐三十重，即奉事终身。"盖将以斯言戏之耳。翌日，遂如数载席帐以行。娇陈大惊，且赏其奇特，竟如约，入柳氏之家，执仆媵之礼，为中表所推。玄宗在人间，常闻娇陈名。访之，及召入宫，涕泣称痼疾且老。上知其不可强也，许其归。因语曰："我闻柳氏多贤子女，可以称内职者，可言之。"娇陈以睦州君女弟对。遂纳之，立婕好，生延王及一公主焉。睦州君闺门士行，为官政绩，载于家传，此偶因娇陈事书之。

【唐故张美人墓志铭并序】

美人姓张，字七娘，贝州清河人也。司农少卿帏之孙，冀州南宫县令元福之女，邓州刺史渤海高斌之外孙。表里清华，渐渍芳润幼而恭敬，长而惠和。勤织纸，纂组之工；体幽娴，婉顺之美。堪术以节，步诗礼以饰躬。岂唯颜如薛、英佩玉琼琚而已矣。开元元年四月四日敕追入内，寻册拜为美人，承宠若惊，践荣翻惧，割欢以辞辇，捐命以当熊。同侪之中，灼然秀出，恩遇之厚莫能均焉。故彤管钦风，青规式宪，彰妇德于桂壶，播嫔则于椒闱。如何青春奄归玄夜！开元十二年六月壬辰终于大明宫妃嫔院，时年二十有四，秋七月庚申迁定于京兆万年县龟川乡见子陵原，礼也。

圣皇追悼，俯降如纶，凶事所须，率加恒数，兼谴右监门卫将军、知内侍、上柱国、上党县开国伯黎敬仁监护丧葬。本宗姻属，许入临丧，宅宛之辰，悉哀以送，蓝谋远日，礼缛穷泉。爰寄词于沉石，式播美于遐年。呜呼哀哉！乃为铭曰：

彼美美人，颖秀超伦。明眸艳日，冶态娇春。业备图史，工彰组刿。其容有贝，其德可亲。赫赫紫泥，近光素里。峨峨代淑，入奉天子。敬恭工心，节俭循己。四德增茂，六宫归美。余庆奚应，福善冥寞。年甫瑜笄，舟遽迁壑。花临春殒，莽未秋落。兰殿徒思，香车谁诜。宠延加数，礼备饰终。路出黄山之左，茔开玄霸之东。陇岩岩兮挂月，松瑟瑟兮吟风。灵魂翳兮宁此，大夜黯兮无穷。

【唐故淑妃玉真观女道士杨尊师墓志铭并序】

尊师讳真一，字真一，弘农人也。开府仪同三司郑国公崇敬之曾孙，使持节太州刺史志诚之孙，兵部郎中昌宁伯徵之长女。祖德家声播于今古矣。尊师天发韶彩，穆然玉润，神纵深识，莹乎珠圆。不师而礼容自昭，不学而妇工弥劭，故能光膺典册，式荷宠章。先天初，今上养德东朝也，特以名家册太子良娣。及乘乾纂运，进册淑妃。扶翼树壶，弼谐阴教，六宫之内，皆取象焉。先是季父得罪，举家迁谪，旋有圣旨，将擢天伦。因泣诉非辜，特回殊造，再构门户，永雪冤酷。偕复诸父之位，竟让昆弟之荣。岂伊宗族称孝，乡党称悌而已？虽古之贞义，孰云比德？既而恩遇滋深，猜阻间起，悟贵宠之难极，恐倾夺之生釁，乃栖心服道，恳愿从真。天且不违，人欲半获，久而方许内度。固请还家，申孝养也。恭惟承顺慈颜，友爱同气，赒急姻族，澹泊荣利。混色空而齐驱，由物我于一致。动有名贤之节，尽非常人之事。

遭家多难，荼苦仍集，上延圣善之罚，荐钟友于之痛。以孝追远，以仁抚孤，茹毒终丧，衔哀过等。爱弟未立，令妹始笄，咸佩教训，克修志业。馨膏沐之资，备婚姻之礼。能事具举，人无间言。方退守黄庭，精求玄理。噫！昊天不吊，寝疾弥留，将殁之际，抚孤侄寀而泣曰："生必有灭，物无不化。且居生灭之境，岂逃物化之间哉？所叹婏年已衰，尔禄未及，是吾遗忧矣！"天宝八载六月廿四日，归神于西京景云观，春秋五十有八。法流追恸，中外如失。以其年八月十日封树于咸宁县洪原乡少陵原，陪先茔，礼也！呜呼！常闻神道昭彰，报应犹响，今也则昧，胡然我欺。仁兄恒王府司马黯、介弟扶风司功参军顗、襄阳别驾默等，载感仲由之戚，共深宣父之悲。爰假菲才，宣扬懿范。词不虚美，书无惭德，敢铭遗烈，昭示泉宫，其词曰：

　　五公之裔兮四德彰，承宠命兮升椒房。心所思兮无何乡，辞鸾殿兮桂霓裳。大运尽兮舟不藏，丹旐归兮玄夜长。少原之色兮寒苍苍，唯有松风兮吹夕旸。

【大唐故顺妃墓志铭并序】

　　夫朝有贤哲，则雍熙之业着；邦有淑媛，则关雎之化扬。樊妃辞味以感君，姜氏请愆以悟主。征之今代，则顺妃其人欤。妃讳秀，京兆胄贵里人也。高祖澄，举秀才，仕隋为兵部侍郎，东都司勋尚书，金山郡守，皇朝授金紫光禄大夫，国子祭酒。俄徙绵州刺史，彭城郡开国公，谥曰敬。辅殷丑夏，既重伊挚之贤；去隋归唐，弥表敬公之识。曾祖庆植，皇考功郎中，舒、密二州刺史。握兰华省，则列宿相辉；建节江乡，则人谣允属。烈祖顼，工部尚书，扶阳郡开国公，谥曰恭。承一经之绪，升八座之荣。履声简于帝心，星彩奂乎天掖。皇考镒，驸马都尉，尚永寿公主，银青光禄大夫，卫尉卿，太仆卿，右金吾将军，食实封二百户，封彭城郡开国公，食邑二千户，赠兖州都督。重侯累将，四代五公，庭起凤皇之楼，门繁槐树之荫。积无违德，必诞异人，故生我韦顺妃，实涨其族。少称女士，长类诸生，四德闻于六宫，百行周于一体。以开元六年正月廿七曰聘入，非色授也。妃性婉顺，有精识，每侍帷幄，以谦谨自守，故得常属意焉。乌呼丨天不与仁，以开元廿八年三月廿九曰遘疾薨于北宫。越翌日，迁神于兴宁里之官舍。喻月既望，葬于京兆府万年县细柳原之伤。敕京兆尹李慎名为监护丧事，所以敦赠终之礼也。夫姓和而静，婉妩深衷，考行议能，谥之曰顺，宜哉，词曰：

坤之德兮，月之精兮。璀璀灿灿兮，如玉之贞。入丙殿以晖耀，侍甲帐而轻盈。芝既焚兮桂不攀，辞白日兮黄垆间。惊鄽驷兮何遽，悟逝川而不闲。惨四野之萧瑟，峃高丘兮若山。

【代皇太子上食表】

臣某言：伏见臣妹太平公主妾李，令月嘉辰，降嫔公族。诗人之作，下嫁於诸侯；易象之兴，中行於归妹。又臣铜楼再惕，常荷荫於中慈；金屋相惊，忽承恩於内辅。周官典瑞，旁稽聘女之仪；晋朝加玺，兼采纳妃之制。圣怀感尉，皇泽霈濡，愿垂扶木之光，俯遂甘芹之请。谨上礼食若干举如列。尊师四学，虽有谢於温文；问竖三朝，窃无违於视膳。谨遣某奉表以闻。

【大唐故婕妤上官氏墓志铭并序】

夫道之妙者，乾坤得之而为形质；气之精者，造化取之而为识用。挺埴陶铸，合散信息，不可备之于人，备之于人矣，则光前绝后，千载其一。

婕妤姓上官，陇西上邽人也。其先高阳氏之后。子为楚上官大夫，因生得姓之相继；女为汉昭帝皇后，富贵勋庸之不绝。曾祖弘，随（隋）藤（滕）王府记室参军、襄州总管府属、华州长史、会稽郡赞持、尚书比部郎中，与郕城公吐万绪平江南，授通议大夫。学备五车，文穷三变。曳裾入侍，载清长坂之衣冠；杖剑出征，一扫平江之氛祲。祖仪，皇朝晋府参军、东阁祭酒、弘文馆学士、给事中、太子洗马、中书舍人、秘书少监、银青光禄大夫、行中书侍郎、同中书门下三品，赠中书令、秦州都督、上柱国、楚国公、食邑三千户，波涛海运，崖岸山高，为木则揉作良弓，为铁则砺成利剑。采撷殚于糟粕，一令典籍困穷；错综极于烟霞，载使文章全盛。至于跨蹑簪笏，谋猷庙堂，以石投水而高视，以梅和羹而独步，官寮府佐，问望相趋，麟阁龙楼，辉光递袭，富不期侈，贵不易交。生有令名，天书满于华屋；没有遗爱，玺诰及于穷泉。父庭芝，左千牛、周王府属，人物本源，士流冠冕。宸极以侍奉为重，道在腹心；王庭以吐纳为先，事资喉舌。落落万寻之树，方振国风；昂昂千里之驹，始光人望。属楚国公数奇运否，解印褰裳，近辞金阙之前，远窜石门之外，并从流进，同以忧卒。赠黄门侍郎、天水郡开国公、食邑三千户。访以荒陬，无复藤城之樑；藏之秘府，空馀竹简之书。

　　婕妤懿淑天资，贤明神助。诗书为苑囿，捃拾得其菁华；翰墨为机杼，组织成其锦绣。年十三为才人，该通备于龙蛇，应卒逾于星火。先皇拨乱返正，除旧布新，救人疾苦，绍天明命。神龙元年，册为昭容。以韦氏侮弄国权，摇动皇极。贼臣递构，欲立爱女为储，爱女潜谋，欲以贼臣为党。昭容泣血极谏，扣心竭诚，乞降纶言，将除蔓草。先帝自存宽厚，为掩瑕疵，昭容觉事不行，计无所出。上之，请摘伏而理，言且莫从；中之，请辞位而退，制未之许；次之，请落发而出，卒刀挫衄；下之，请饮鸩而死，几至颠坠。先帝惜其才用，慜以坚贞，广求入腠之医，才救悬丝之命，屡移晷魄，始就痊平。表请彰为婕妤，再三方许。暨宫车晏驾，土宇衔哀。政出后宫，思屠害黎庶；事连外戚，欲倾覆宗社。皇太子冲规参圣，上智伐谋，既先天不违，亦后天斯应，拯皇基于倾覆，安帝道于艰虞。昭容居危以安，处险而泰。且陪清禁，委运于乾坤之间；遽冒钻锋，亡身于仓卒之际。时春秋四十七。皇鉴昭临，圣慈轸悼，爰适制命，礼葬赠官。太平公主哀伤，赙赠绢五百匹，遣使吊祭，词旨绸缪。以大唐景云元年八月二十四日，窆于雍州咸阳县茂道乡洪渎原，礼也。龟龙八卦，与红颜而并销；金石五声，随白骨而俱葬。

其词曰：巨阀鸿勋，长源远系，冠冕交袭，公侯相继。爰诞贤明，是光锋锐，宫闱以得，若合符契。其一。

潇湘水断，宛委山倾，珠沉圆折，玉碎连城。甫瞻松槚，静听坟茔，千年万岁，椒花颂声。其二。

【昭容上官氏碑铭】

天降时雨，山川出云。乃生灵媛，祚我圣君。精微其道，焕炳其文。三光错行，昭容纲纪。百揆繁会，昭容条理。外图邦政，内谂天子。忧在进贤，思求多士。忠孝心感，天焉报之？吉凶有数，邱焉祷之？如彼九日，羿焉暴之？如彼三良，秦焉悼之？汉宫选才，班氏其特。楚史书霸，樊妹之力。或穆齐公，叙其明德。嗟尔彤管，是鉴是则。

【废皇太子瑛为庶人制】

朕躬承天命，嗣守先业，不敢失坠，将裕后昆。所以择元良，策奇器，为国之本。岂不谓然？太子瑛，幼而锺爱，爰加训诱。亲之师范，所望日新。年既长成，与之婚冠，而妃之昆弟，潜构异端。顷在东都，颇闻疑议，所以妃兄薛愿，流谪海隅。导之诲之，谓其迁善。驸马都尉薛镛，亦妃之兄也。今又煽惑，谋陷弟兄。朕之形言，愧於天下，教之不改，其如之何？盖不获已，归诸大义，瑛可废为庶人。鄂王瑶、光王琚等，自幼及长，爰加抚育。为择师资，欲其恭顺，而不率训典，潜起异端。及与太子瑛构彼凶人，同恶相济，亦既彰露，咸引其咎。孽由己作，义在灭亲。并降为庶人。驸马都尉薛鏽，离间骨肉，惑乱君亲，潜通宫禁，引进朋党，陷元良於不友，误二子於不义，险薄之行，遂成门风。皆恶迹自彰，凶慝昭露。据其所犯，合寘严诛，言念琐姻，用申宽典。舍其两观之罚，俾就三危之窜。可长流瀼州百姓。

掌故
001
靠谱的历史八卦

超人气自媒体 @ 时拾史事 主编
创刊限量版, 等你来收藏!

魔性历史小册:
原生态、接地气, 保证有料!

有料。 这是一本新鲜的历史八卦书, 不乏味, 不说教, 木有传统历史书枯燥堆砌名词的尿性。

好看。 这是一本有范儿的休闲马桶书, 接地气, 网络化, 轻松再现历史长河中有意思的人和事。

原生态。 这是一本严谨的读历史心得, 不乱写, 不戏说, 一群历史爱好者讲诉来自于史料中的精彩。

《掌故003: 趣味一战史》精彩预告

提到第一次世界大战, 你最先想到的是什么呢?

萨拉热窝、阵地战、坦克、绞肉机、刻板的历史老师……

好了好了, 让我们把历史课本扔得远远的, 再重重地踏上一只脚吧。

接下来的内容将带你走进100多年前爆发的那场大战,

让你领略历史老师不讲、课本里找不到、一般人我不告诉他的真实历史

—— 可以让你无语也能让你喷饭, 可以让你莞尔也能让你拍案。

这是一部诙谐、幽默、别开生面的一战史, 更有诸多精彩美图, 让你不忍释卷。

历史是严肃的, 但我们可以不那么严肃地读。

想听《掌故》小编讲有趣的历史八卦段子？

想get更多未出版的精彩内容？
想知道图书制作中的精彩花絮？
想得到专门为军迷定制的表情包？
想与作者交流？

想投稿？

甚至是……
想学重庆话？

想抢红包？

想了解编辑部妹纸的日常？
想收集作者的八卦？

现在，
以上的一切均可实现，
只要您，
扫下方的二维码或者搜"zven03"，关注小编微信。

↑↑↑指文小编-行走的问号（微信号：zven03）

来吧，
加入"掌故"、"日本军鉴"、"海战事典"读编大本营，
在这里，
历史真的会动起来！